totem 1

méthode de français **A1**

Marie-José Lopes - Jean-Thierry Le Bougnec

hachette
FRANÇAIS LANGUE ÉTRANGÈRE

Crédits photographiques et droits de reproduction

Photos de couverture
Plat 1 : © Céline Lixon ; **rabat avant :** © Daniel Auduc/Photononstop ;
rabat arrière : © Jean-Pierre Salle-Nantes Juste Imagine ; **autres :** Krysalid Films

Photos de l'intérieur du manuel :
Pages d'ouverture et p. 16 (l'ordinateur et le téléphone), p. 19 (lettres et appareil photo), p. 21 (tasse et cuillère), p. 25 (cédérom), p. 28 (carte de France, cycliste, bouteille de vin et tour Eiffel), p. 28 (soupière), p. 33 (iphone et personnages), p. 45 (pliage), p. 49 (vue de Paris), p. 82 (paysages basques) © Nicolas Piroux ; p. 9 : © Michel Ginfray/Apis/Sygma/Corbis ; p. 13 : A. Sow Fall ©Sophie Bassouls/Sygma/Corbis ; Amin Maalouf © Éric Fougere/VIP Images/Corbis ; A. Kourouma ©Patrick Robert/Sygma/Corbis ; A. Césaire © Sergio Gaudenti/Kipa/Corbis ; T. Ben Jelloun © Éric Robert/VIP productions/Corbis ; p. 14 : Zinedine Zidane © Stephane Cardinale/People Avenue/Corbis ; Lynda Lemay © Jeremy Bembaron/Sygma/Corbis ; Youssou N'Dour © Éric Fougere/VIP Images/Corbis ; p. 19 : magazine © Elle/SCOOP, taxi © Marco Cristofori/CORBIS ; pharmacie © Stefano Bianchetti/CORBIS ; café © ML Harris/Corbis ; p. 24 : Marianne © P. Schuller/Signatures ; p. 36 : île Feydeau © Jean-Pierre Salle ; p. 44 : Musée Quai Branly © Nathalie Darbellay/Corbis, Le champo © RENAULT P./Hémis.fr ; p. 54 : On mange quoi ce soir, S. Gabet, Éditions de la Martinière ; p. 59 : © www.inpes.santé.fr /Peter LIPPMANN ; Jimdo Partners France ; p. 71 : Intouchables ©TEN Films. Autres : © Shutterstock.

Nous avons fait notre possible pour obtenir les autorisations de reproduction des documents publiés dans cet ouvrage. Dans le cas où des omissions ou des erreurs se seraient glissées dans nos références, nous y remédierons dans les éditions à venir.

Tous nos remerciements à :
- Jean-Marc Giri, producteur (Veilleur de nuit) ; l'équipe de tournage (Krysalid Films) ; Cyril Olivier, metteur en scène et réalisateur ; Gil Rabier, scénariste.
- La ville de Nantes : Florence Guédas, Nantes Saint-Nazaire International Agency ; Katia Forêt, Nantes Tourisme.
- TV5MONDE : Michèle Jacob Hermès et Evelyne Pâquier.
- Gabrielle Chort pour la relecture.
- Nelly Mous pour les pages DELF.
- Lucas Malcor pour les dialogues interactifs.

Couverture : Nicolas Piroux
Conception graphique : Nicolas Piroux
Mise en page : Nicolas Piroux
Édition : Anne-Marie Johnson
Secrétariat d'édition : Sarah Billecocq
Cartographie : Pascal Thomas, Hachette éducation
Illustrations : Gabriel Rebufello p. 42, 44 ; Corinne Tarcelin p. 42, 55, 62, 76, 91, 94
Enregistrements audio, montage et mixage : Qualisons
Documentaires vidéo : 1 Nantes : Nantes just imagine.com ; 4 Paris : Nouvelle Saison ; 9 La Sorbonne.

ISBN 978-2-01-156048-3

© HACHETTE LIVRE, 2014
43, quai de Grenelle
F 75905 Paris Cedex 15, France.
http://www.hachettefle.fr

Avant-propos

Chers collègues,

C'est sur la base de notre expérience de professeurs de FLE qu'est né *Totem*.

Totem 1 s'adresse à un public de grands adolescents et adultes et correspond au niveau A1 du CECRL. À la fin de *Totem 1*, les apprenants peuvent se présenter à l'épreuve du DELF A1.

Totem est composé de 6 dossiers comprenant chacun :
• une page contrat ;
• 4 leçons (une double page = une leçon) ;
• une double page regroupant des activités de réemploi ;
• une page « Action ! » proposant un projet.

Un dossier 0 permet de démarrer en douceur.

Totem se construit autour d'une sitcom basée sur la rencontre de deux familles françaises à Nantes. Chaque épisode de la vidéo structure le dossier : il en donne le thème, les savoir-faire, les contenus linguistiques.

L'épisode est exploité comme un support de compréhension dans la première leçon de chaque dossier ; les deux leçons suivantes s'appuient sur des supports écrits et oraux variés et complémentaires. La quatrième leçon, « Faits et gestes » et « Culture » permet de revenir à l'épisode vidéo. Ce qui était indices, repérages, aides à la compréhension devient savoir et savoir-faire. Notre objectif est de développer des références culturelles partagées. Notre travail avec *Totem* s'inspire de l'expérience de l'apprentissage en immersion : associer et comparer pour mieux s'approprier le comportement des Français (gestes, mimiques, attitudes...).

Notre activité de professeurs de FLE, au sein de groupes culturellement hétérogènes, nous a particulièrement sensibilisés au non-verbal, au langage du corps. Un même geste peut avoir de multiples significations, un sourire n'exprime pas nécessairement la joie, un rapprochement peut sembler menaçant. C'est de cette expérience qu'est née l'approche que nous proposons.

Fidèles à l'approche communicative, nous l'enrichissons d'une perspective actionnelle. Nous gardons le savoir comprendre, la construction progressive du sens, la découverte de la langue au service de la réalisation d'actions réelles et réalistes.

Les démarches que nous proposons sont balisées et structurées. Simples d'utilisation pour votre enseignement, elles sont rassurantes pour vos élèves.

Nous espérons que vous éprouverez autant de plaisir à utiliser *Totem* que nous en avons eu à le réaliser.

Bien à vous,

Marie-José Lopes et Jean-Thierry Le Bougnec

Mode d'emploi

La structure du livre de l'élève :
- un dossier 0
- 6 dossiers de 4 leçons + une action collective
- des évaluations de type DELF
- des annexes :
  - un précis de phonétique
  - un précis de grammaire
  - un précis de conjugaison
  - le lexique
  - les transcriptions
  - le lexique multilingue
  - la carte de France

▌Action

▌Savoir-faire

▌Résumé de la vidéo

▌Savoir-faire, savoir-êt et savoirs culturels

Une page d'ouverture

▌Titre de la leçon

▌Document déclencheur

▌Objectifs fonctionnels et vocabulaire

▌Point sur la phonétique

▌Point sur la grammaire avec renvoi vers le précis

▌Activités de réemploi

▌Micro tâches

Trois leçons d'apprentissage. Une leçon = une double-page.

▌Renvoi au CDROM (dialogues interacti

Une double page Faits et gestes/culture
pour observer et comprendre les implicites culturels de la vidéo. Des documents pour développer des « savoir–être/savoir-faire/ savoirs ».

Une double page Entraînement
pour systématiser et renforcer les acquis.

Une page Action !
auto-évaluée pour mettre en œuvre des savoir-faire du dossier.

Une préparation au DELF A1
tous les deux dossiers.

Tableau des contenus

Tableau des contenus

Action !   Nous organisons une fête pour la classe.

Rencontres	Savoir faire	Lexique	Grammaire	Phonétique
Et une comédie ? Leçon 17	Faire un commentaire positif/négatif S'informer/parler sur les goûts Situer une action dans le futur	Le cinéma Les loisirs Les activités quotidiennes	La réponse à une question négative Le futur proche Les verbes pronominaux *Se lever* au présent	Le son [ə]
Personnalités Leçon 18	Décrire quelqu'un	La description physique Le corps Le caractère	Place et accord de l'adjectif Les adjectifs possessifs au pluriel	Le « e » final
Le livre du jour Leçon 19	Situer dans le temps	La relation amoureuse	Le passé composé [1] Les indicateurs de temps	Le son [y]
Cultures Leçon 20 ▷ **Faire la bise** ▷ *Intouchables*				

Action !   Nous faisons le Top 5 des films de la classe.

Études	Savoir faire	Lexique	Grammaire	Phonétique
Le lycée, c'est fini ! Leçon 21	Raconter un événement Situer une action dans le passé Exprimer la durée Exprimer la surprise Parler de ses études	Les études : • les niveaux • les diplômes • les examens • les notes	Le passé composé[2] *Se promener* au passé composé La négation au passé composé	Le son [ã] Le son [Ẽ] ([ɛ̃], [œ̃])
Les vacances Leçon 22	Raconter un souvenir Indiquer la chronologie Indiquer la fréquence	Les moyens de transports L'hébergement Les lieux Les activités	L'imparfait *Aller* à l'imparfait	Le son [Ẽ] ([ɛ̃], [œ̃]) Le son [ã] Le son [ɔ̃]
Erasmus Leçon 23	Donner des conseils, des instructions Exprimer des besoins	L'inscription : • le formulaire • les instructions	*Devoir* et *falloir* au présent Le présent continu Les pronoms COD	Le son [ã] Le son [ɔ̃]
Cultures Leçon 24 ▷ **Désaccords** ▷ **La Sorbonne**				

Action !   Nous faisons le bilan du cours de français.

Moteur!

1. Nantes

Regardez la carte de France p. 128 et situez Nantes.

2. Vrai / Faux

**Regardez la vidéo avec le son.
Dites si c'est vrai ou faux.**

a Nantes est à côté de l'Atlantique.
b Nantes est moderne.

3. Les mots magiques

Regardez la vidéo avec le son.

a Notez le mot qui correspond à chaque photo.
Exemple : 1 Top

b Avec la première lettre de chaque mot, trouvez les deux mots magiques.
Série a : T....
Série b : ....

Série a

Série b

Statue de M. Hulot, réalisée par E. Debarre à Saint-Marc-sur-Mer

4 M. Hulot

1 À deux, imaginez le mot que dit M. Hulot.
  Vous pouvez utiliser un dictionnaire.

2 Dites le mot à la classe.

3 La classe choisit le mot pour mettre sur la photo.

Culture/Savoir

M. Hulot est un personnage cinématographique imaginé par le réalisateur Jacques Tati. Le film *Les vacances de M. Hulot* (1953) a été tourné sur la plage de Saint-Marc-sur-Mer, à côté de Nantes.

Jacques Tati

En classe

1. La classe

1 Comment dit-on ces objets en français ? Utilisez un dictionnaire.

2 Écoutez et vérifiez vos réponses. Répétez les mots.  02

*Exemple :
une table*

a

b

c

d

2. Les objets personnels

Un livre

Un stylo

Un téléphone portable

Une tablette   Un cahier

1 Observez les photos. Vous avez quels objets ?

Exemple : un livre

2 Vous avez d'autres objets ? Utilisez un dictionnaire.

Exemple : un cahier d'activités

3 Écoutez. Prenez l'objet dans la main. Répétez le nom de l'objet.  03

Exemple : « Un livre »

3. Les nombres  04

Écoutez et répétez les nombres.

0	zéro	13	treize	60	soixante
1	un	14	quatorze	61	soixante-et-un
2	deux	15	quinze	70	soixante-dix
3	trois	16	seize	71	soixante et onze
4	quatre	17	dix-sept	80	quatre-vingts
5	cinq	18	dix-huit	81	quatre-vingt-un
6	six	19	dix-neuf	90	quatre-vingt-dix
7	sept	20	vingt	91	quatre-vingt-onze
8	huit	21	vingt et un	100	cent
9	neuf	22	vingt-deux	101	cent un
10	dix	30	trente	200	deux cents
11	onze	31	trente-et-un	1 000	mille
12	douze	40	quarante	10 000	dix mille
		50	cinquante	100 000	cent mille
				1 000 000	un million
				1 000 000 000	un milliard

Se promener dans le livre __

Les pictos

Associez.

a

b

c

1 Écouter (audio)

2 Vidéo

3 Action !

Le livre

Répondez aux questions.

a Il y a combien de leçons ? Il y a combien de pages par leçon ?

b Comment s'appellent les pages des exercices ?

c À quelles pages se trouvent les conjugaisons ?

Les activités

1 Choisissez la réponse correcte.

Dans le livre, il y a :
a 6 dossiers   b 7 dossiers   c 10 dossiers

La vidéo se trouve dans quelles leçons ?
1, 5, 6, 9, 10, 13, 17, 18, 20, 21 ?

2 Trouvez les six tâches (Action !).

3 Observez la première page de chaque dossier et notez un mot que vous connaissez.

4 Dites comment s'appelle la rubrique du vocabulaire.

5 Regardez p. 32. Donnez le titre du petit encadré bleu et trouvez 5 autres encadrés bleus dans le livre.

En France et ailleurs

VENDREDI
14
FÉVRIER
45   St Valentin   320

a

JEUDI
1
MAI
121   Fête du Travail   244

b

VENDREDI
21
JUIN
171   St Silvère   194

c

LUNDI
14
JUILLET
195   Fête Nationale   170

d

JEUDI
25
DÉCEMBRE
359   Noël   6

e

1. Quelques fêtes

Associez une date à chaque fête.

Exemple : le 14 février → a

1   21 juin
2   25 décembre
3   14 juillet

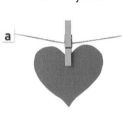
a

b

d

c

Culture/Savoir
La Fête de la musique existe depuis 1982.

2. Les fêtes de votre pays

Citez quatre fêtes de votre pays.

3. La semaine

Dites quels jours de la semaine vous avez cours de français.

lundi	samedi
mardi	dimanche
mercredi	
jeudi	
vendredi	

4. Les saisons

Dites en quelle saison vous êtes né(e).

a

b

c

d

Les mots...

Des mois		Des jours		Des saisons		
janvier	juillet	lundi	samedi	le printemps	→	arbre a
février	août	mardi	dimanche	l'été	→	arbre b
mars	septembre	mercredi		l'automne	→	arbre c
avril	octobre	jeudi		l'hiver	→	arbre d
mai	novembre	vendredi				
juin	décembre					

La francophonie

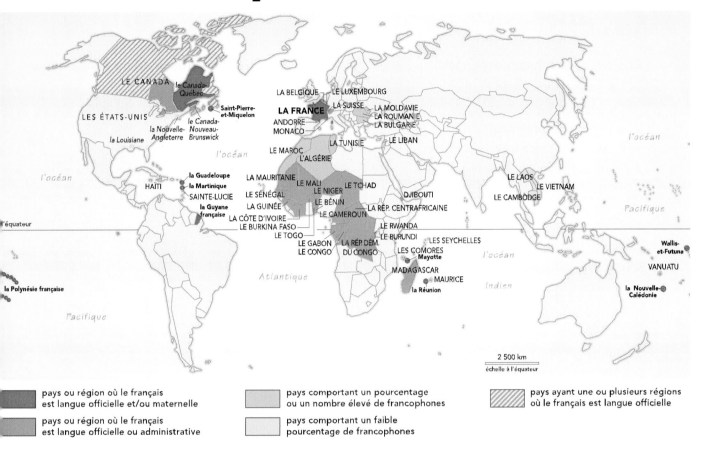

pays ou région où le français est langue officielle et/ou maternelle

pays ou région où le français est langue officielle ou administrative

pays comportant un pourcentage ou un nombre élevé de francophones

pays comportant un faible pourcentage de francophones

pays ayant une ou plusieurs régions où le français est langue officielle

1 Écrivains de langue française

Situez le pays des écrivains sur la carte.

Victor Hugo,
France

Aminata Sow Fall,
Sénégal

Amin Maalouf,
Liban

Amélie Nothomb,
Belgique

Amadou Kourouma,
Côte d'Ivoire

Nancy Huston,
Canada

Aimé Césaire,
Martinique

Tahar Ben Jelloun,
Maroc

La francophonie

2 Quiz

Choisissez la réponse correcte.

1 Le français est parlé :

a en Europe et en Afrique

b en Europe et en Asie

c sur les 5 continents

2 Dans combien de pays le français est-il langue officielle ?

a 15 pays

b 34 pays

c 57 pays

3 Les francophones sont :

a 60 millions

b 160 millions

c 200 millions

4 Quel logo représente l'Organisation Internationale de la Francophonie (O.I.F.) ?

a

Liberté • Égalité • Fraternité
RÉPUBLIQUE FRANÇAISE

b

ORGANISATION
INTERNATIONALE DE
la francophonie

c

UNION EUROPEENNE

5 Comment s'appelle la chaîne de télévision francophone ?

a TV5Monde

b France informations

c France Monde

6 Quelle est la nationalité de ces personnes ?

Zinédine Zidane

a Il est français.

b Il est algérien.

c Il est belge.

Linda Lemay

a Elle est belge.

b Elle est française.

c Elle est canadienne.

Jean-Jacques Rousseau

a Il est français.

b Il est belge.

c Il est suisse.

Youssou N'Dour

a Il est français.

b Il est sénégalais.

c Il est suisse.

Les réponses du Quiz

1 : c – 2 : c – 3 : c – 4 : b – 5 : a – 6 : 1a, 2c, 3c, 4b

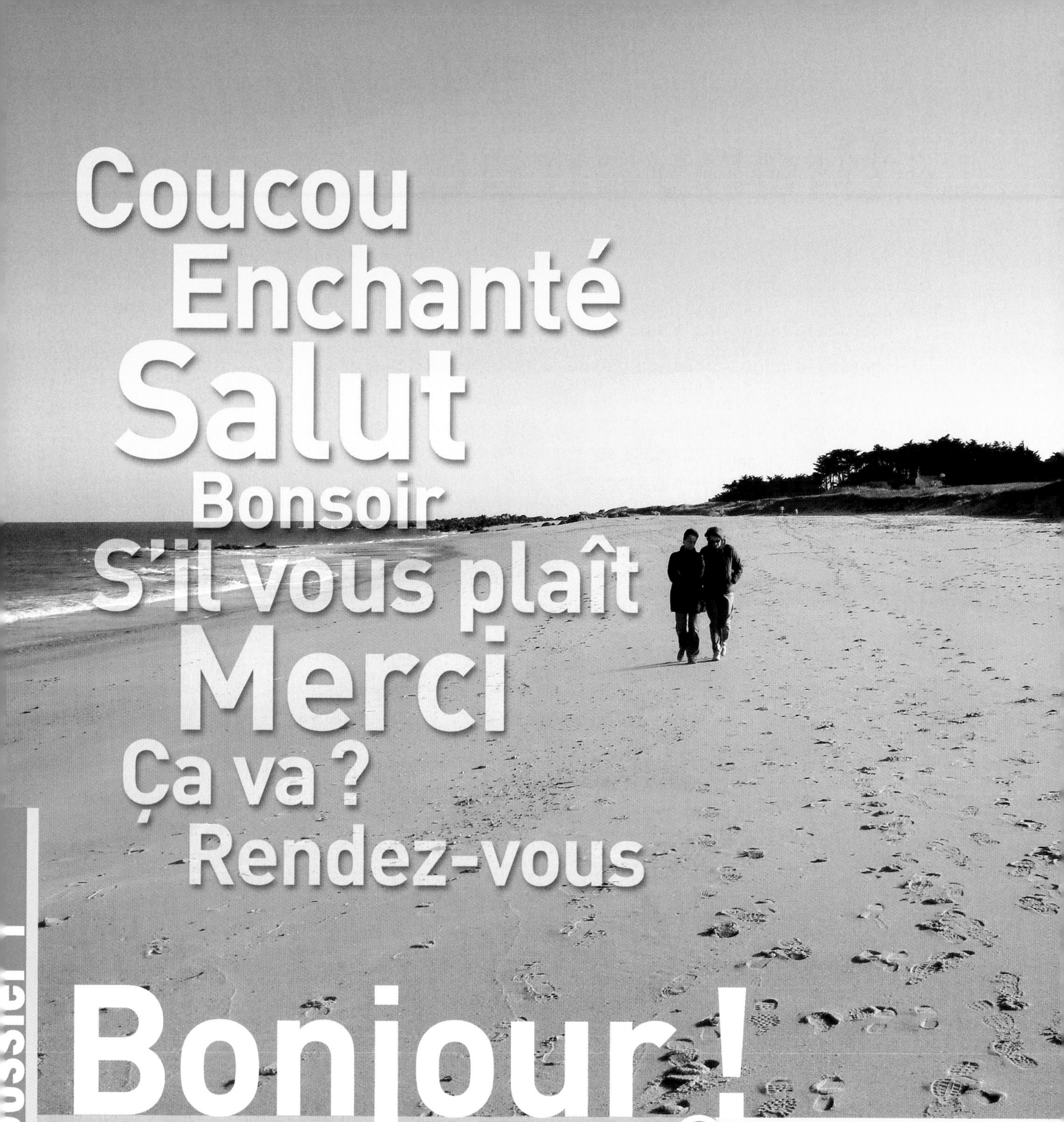

Coucou
Enchanté
Salut
Bonsoir
S'il vous plaît
Merci
Ça va ?
Rendez-vous

Dossier 1

Bonjour !

Nous créons la fiche « contacts » de la classe.

Pour cela, nous allons savoir comment :

- saluer
- demander/dire le prénom et le nom
- épeler

La famille Bonomi et la famille Le Tallec se présentent.

Faits et gestes/Culture :

- Saluer
- La France

Leçon 1 | # Bienvenue !

1. La vidéo totem 2

1 Regardez la vidéo sans le son. Répondez : il y a combien de personnes ?

2 Regardez la vidéo avec le son. Associez les objets aux personnes.

Juliette et le livre.

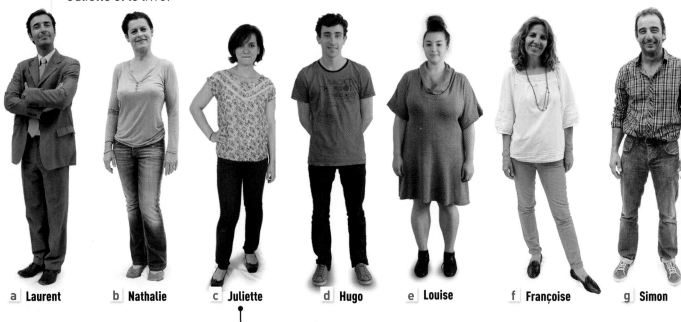

| a | Laurent | b | Nathalie | c | Juliette | d | Hugo | e | Louise | f | Françoise | g | Simon |

| 1 | La copie | 2 | L'ordinateur | 3 | Le sac | 4 | Le téléphone | 5 | Les écouteurs | 6 | Le vélo | 7 | Le livre |

2. Coucou !

Associez les phrases aux personnes.

Coucou ! → Louise

a Bonjour, je m'appelle Laurent Bonomi.
b Salut ! Moi, c'est Hugo.

c Bonsoir, enchantée.
d Bonsoir à tous.

e Bienvenue.
f Bonjour.

Pour...

→ **Demander/Dire le prénom et le nom** ▷ Activité 1 p. 24

Comment tu t'appelles ?
Comment vous vous appelez ?

Je m'appelle + prénom + nom
Je m'appelle Laurent Bonomi.
Moi, je m'appelle + prénom
Moi, je m'appelle Juliette.
Moi, c'est + prénom
Moi, c'est Hugo.

Les mots...

Des salutations

bonjour ☼
bonsoir ☽
salut
coucou
bonjour à tous
enchanté(e)

3 Qui dit quoi ? 2

1 Regardez la vidéo avec le son. Associez.

a Je m'appelle   ■   ■   1 Hugo.

b Moi, c'est   ■   ■   2 Juliette.

2 Vérifiez vos réponses avec la transcription (p. 120).

Grammaire 🎧05 → **p. 98**

Les pronoms personnels sujets et s'appeler au présent

je (j')	m'appelle	[ʒəmapɛl]
tu	t'appelles	[tytapɛl]
il/elle	s'appelle	[ilsapɛl] [ɛlsapɛl]
ils/elles	s'appellent	
nous	nous appelons	[nunuzaplɔ̃]
vous	vous appelez	[vuvuzaple]

▶ Activités 1 et 2 p. 24

Le pronom tonique « moi » [mwa]

Moi, je m'appelle Juliette.

▶ Activité 1 p. 24

---

4 Les prénoms

Complétez.

Je m'appelle Françoise.

a ___ Hugo.

b ___ Louise.

c ___ Juliette et Laurent.

d ___ Juliette et Louise.

e ___ Laurent et Simon.

Grammaire → **p. 99**

L'article défini

masculin	féminin	pluriel
le – l' (+ voyelle)	la – l' (+ voyelle)	les
le vélo	*la copie*	*les copies*
l'ordinateur		*les vélos*
		les ordinateurs

▶ Activité 3 p. 24

---

5 Dans le sac de Juliette

Choisissez la bonne réponse.

le / la / l' / (les) livres

a le/la/l'/les téléphone

b le/la/l'/les stylos

c le/la/l'/les tablette

d le/la/l'/les ordinateur

Phonétique 🎧06 → **p. 96**

Le rythme (1)

Les syllabes sont régulières.
La dernière syllabe est toujours plus longue.

| Moi | daaa | Coucou | da daaa |

| Enchanté | da da daaa |

| Bonjour à tous | da da da daaa |

▶ Activité 4 p. 24

---

6 Salut ! 🎧06

Écoutez et associez.

| daaa |, | da | daaa |, | da | da | daaa | ou | da | da | da | daaa |

Oui ! → daaa

a Bonjour   c Nathalie   e Moi, c'est Hugo.

b Salut   d Françoise   f Non !

Communication

7 Salutations

1 Vous marchez dans la classe. Saluez chaque personne de la classe (*bonjour*, *salut*, *enchanté*). Dites votre prénom.

Salut, je m'appelle Anna.

2 Vous êtes debout, à la place du professeur. Saluez la classe. Dites votre prénom.

Bonjour à tous ! Moi, c'est François.

Leçon 2 | Les mots à lire

1 Le français écrit

1 Observez les documents. Vous connaissez quels mots ?

2 Répondez. Vous connaissez ces mots parce que :

  a vous utilisez ces mots dans votre langue.
    Shopping

  b vous utilisez ces mots dans une autre langue.
    « Hospital »

  c vous connaissez le mot français.
    Rendez-vous

**3 Quels autres mots français vous connaissez ?
Faites la liste.**

2 Le genre et le nombr

Observez les mots. Complétez.

a Mots féminins : pâtisserie, pharmacie, mode. En général, le mot féminin finit par ___.

b Mots pluriels : enfants malades, petits. En général, le mot pluriel finit par ___.

Pour...		
→ Reconnaître des mots français à l'écrit	**Les mots...** **De la vie courante**	**Les mots...** **De la ponctuation**
Utilisez :	le restaurant l'hôpital	« , » la virgule
votre langue	la boulangerie le bar	« . » le point
une autre langue	la pharmacie les amis	« ? » le point
un dictionnaire	le café le rendez-vous	d'interrogation
		« ! » le point d'exclamatior

Grammaire → p. 99

Les marques du genre et du pluriel à l'écrit

En général, le mot féminin finit par « e ».
pâtisserie, pharmacie : féminin
bar, restaurant : masculin

▶ Activité 6 p. 24

En général, le mot pluriel finit par « s ».
l'enfant : singulier
les enfants : pluriel

▶ Activité 7 p. 24

Phonétique → p. 97

Sons et lettres

Les accents

L'accent aigu : é – **é**tudiant
L'accent grave : è, à, ù / l**à**
L'accent circonflexe : ê, â, î, ô, û / h**ô**pital
Pour épeler, on dit :
« é » = e accent aigu
« è » = e accent grave
« ê « = e accent circonflexe
L'alphabet

a b c d e f g h i j k l m n o p q r s t u v w x y z

▶ Activités 5 et 8 p. 24

3. Féminin / Pluriel

1 Dites si le mot est féminin.

a	ordinateur	e	amie
b	hôpital	f	vélo
c	pharmacie	g	livres
d	bar	h	boulangerie

2 Dites si le mot est pluriel.

a	café	e	prénom
b	amis	f	mots
c	restaurant	g	rues
d	enfants	h	taxi

4. L'alphabet

1 Écoutez et répétez l'alphabet.

On entend : [a] : a ; h ; k.

2 Épelez le nom des villes.

a	Paris	e	Genève
b	Marseille	f	Bruxelles
c	Lyon	g	Québec
d	Nantes		

5. Les prénoms français

1 Écoutez. Par quelle lettre commence chaque prénom ?

Catherine → c

2 Vérifiez avec la transcription p. 120.

Communication

6. Votre prénom

À deux. Épelez vos prénoms et notez-les sur un papier.

7. La Une

En groupe. Créez la Une d'un magazine français.

photos
titre
textes

Leçon 3 | Les mots à écouter

1. Dialogues

1 Écoutez. Associez les dialogues aux photos.

a
b
c

▢ Dialogue 1   ▢ Dialogue 2   ▢ Dialogue 3

2 Écoutez. Dites quels mots vous entendez.

Bonjour

a	bonsoir	g	non
b	madame	h	oui
c	au revoir	i	ça va ?
d	coucou	j	salut
e	s'il vous plaît	k	monsieur
f	à bientôt	l	merci

3 Lisez les mots et trouvez des couples de mots.

Oui / Non

2. L'article indéfini

Écoutez et associez.

a un ▢   ▢ 1 exercices
b une ▢   ▢ 2 café
c des ▢   ▢ 3 baguette

Grammaire		→ p. 99
L'article indéfini		
masculin	féminin	pluriel
un	une	des
un café	*une baguette*	*des exercices*

▷ **Activité 9 p. 25**

Pour...

→ **Reconnaître le singulier et le pluriel à l'oral**

Au singulier, en général, on entend « un » [ɛ̃] **ou « une »** [yn]
Un + exercice, un café, une baguette

Au pluriel, en général, on entend « des » [de]
Des + exercices, des cafés, des baguettes

Les mots...

De la politesse ▷ Activité 11 p. 25
s'il vous plaît
merci
ça va / comment allez-vous ?
au revoir – bonne journée

3 Masculin ou féminin ?

Écoutez. Dites si le mot est féminin ou masculin.

Une journée → féminin

→ p. 99

Grammaire

Les marques du genre et du pluriel à l'oral

Le féminin et le masculin

En général, les mots féminins finissent par une consonne prononcée.
baguette / [t] / = féminin

En général, les mots masculins finissent par une voyelle prononcée.
café / [e] / = masculin

Le singulier et le pluriel

Prononciation singulier = prononciation pluriel
café = cafés = / [kafe] /

▶ Activité 9 p. 25

4 Singulier ou pluriel ?

Écoutez. Dites si le mot est singulier ou pluriel.

Des journées → pluriel

Phonétique

→ p. 96

L'accentuation

L'accentuation porte sur la dernière syllabe du mot phonétique.
La dernière syllabe est toujours plus longue.

da daaa	bonjour
da da daaa	s'il vous plaît

▶ Activités 10 et 12 p. 25

5 Mots internationaux

Écoutez et répétez.

a	da da daaa	un	sand	wich
b	da da daaa	un	tic	ket
c	da da daaa	un	ta	xi
d	da da daaa	un	-nhô	tel
e	da da daaa	la	ra	dio
f	da da da daaa	les spa	ghe	tti
g	da da da daaa	le té	lé	phone
h	da da da daaa	la tor	ti	lla
i	da da da daaa	le ka	ra	té

6 Et vous ?

Dites votre prénom avec l'accent français.

da da daaa

Ni	co	las

7 L'accent français !

Parlez votre langue avec l'accent français.

Qui imite le mieux un Français ?

8 S'il vous plaît !

À deux. Jouez les dialogues 1 et 2 de la leçon. La classe désigne le meilleur acteur, la meilleure actrice.

Leçon 4 | # Saluer

1. Salutations

Regardez les photos. Quel geste fait-on dans votre pays pour saluer ?

a

b

c

2. Salutations 2

Regardez la vidéo sans le son. Quel geste voit-on ?

a

b

c

d

e

f

3. Le bon geste 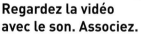 2

Regardez la vidéo avec le son. Associez.

1 Salut ! Moi, c'est Hugo.

2 Coucou !

3 Bonsoir, enchantée.

4 Je m'appelle Juliette.

a

b

c

d

La France

Devise :
- liberté, égalité, fraternité

Capitale :
- Paris (2 268 265 habitants)

Principales villes :
- Bordeaux (242 945)
- Lille (234 058)
- Lyon (492 578)
- Marseille (859 368)
- Nice (347 105)
- Nantes (293 234)
- Strasbourg (276 401)
- Toulon (166 851)
- Toulouse (449 328)

Hymne national :
- la Marseillaise

Population :
- 65 millions
  d'habitants

Les villes de France

1 Classez les villes par nombre d'habitants.

1   Paris
2   —
3   —
10   Toulon

**2 Trouvez les principales villes
sur la carte de France p. 128.**

Les symboles de la France

À deux. Répondez : qu'est-ce qui représente la France pour vous ?

Entraînement

─ Leçon 1 ─

1. Salut !

Écoutez et complétez avec « je m'appelle »,
« moi, c'est », « moi, je m'appelle ».
Salut ! Moi, c'est Marie.
a   Bonjour, ___ François.
b   Coucou, ___ Louise.
c   Bonsoir, ___ Jean.

2. Des prénoms

Complétez avec un pronom personnel sujet.
Je m'appelle Laurent.
a   ___ s'appellent Juliette et Louise.
b   ___ t'appelles Françoise ?
c   ___ s'appelle Laurent.
d   ___ nous appelons Hugo et Louise.
e   ___ m'appelle Nathalie.
f   ___ vous appelez Simon et Louise ?

3. Les objets de Juliette

Lisez les mots. Complétez avec « le », « la »,
« l' », « les ».
tablette → la tablette

a   ___ livre
b   ___ vidéos
c   ___ ami

d   ___ ordinateurs
e   ___ table
f   ___ cafés

4. Rythme et nombres

1 Écoutez et choisissez.

	daaa	da daaa	da da daaa	da da da daa
huit →	●			
a				
b				
c				
d				
e				
f				
g				
h				
i				
j				

2 Écoutez et écrivez les nombres en chiffres.
huit : 8

3 Écoutez et répétez les nombres.

─ Leçon 2 ─

5. Les jours

Écoutez et écrivez les jours de la semaine.
J.E.U.D.I → jeudi

6. Masculin ou féminin ?

Lisez les mots et dites s'ils sont masculins ou
féminins.
« Hôpital » est masculin.

a   football
b   table
c   chaise
d   café

e   tableau
f   sac
g   stylo
h   vélo

7. Pluriel

Écrivez les mots au pluriel.
Le cahier → les cahiers
a   le téléphone
b   la tablette
c   l'ami
d   le livre
e   la fête
f   le stylo

8. Les mois

À deux. A épelle un mois. B écrit et dit le mois.
A → j-a-n-v-i-e-r   B → janvier

Dialogue

ı Leçon 3

---

9. Les objets de la classe

Lisez les mots. Complétez avec « un », « une »
ou « des ».

Chaise → une chaise

a	__ écouteurs	e	__ tablette
b	__ cahiers	f	__ livres
c	__ tableau	g	__ ordinateur
d	__ stylos	h	__ table

10. Mots anglais

1 Prononcez les mots avec l'accent français.

a parking

b jogging

c streching

d marketing

e shopping

f planning

g ketchup

h week-end

2 Écoutez pour vérifier. 19

11. À la boulangerie

**1 Complétez le dialogue avec « bonjour » (x 2),
« bonne journée », « au revoir », « merci »,
« s'il vous plaît ».**

a __ Madame. Une baguette __ .

b __ Monsieur. Voilà. 95 centimes.

c __ Madame. __ .

d __ Monsieur.

2 À deux, jouez le dialogue.

12. Robot 20

Écoutez et répétez comme un robot !

a	Bonjour.	f	Au revoir Monsieur.
b	Bonjour Madame.	g	S'il vous plaît.
c	Monsieur.	h	Merci.
d	Bonjour Monsieur.	i	Bonne journée.
e	Au revoir.	j	Deux euros.

13. Ils se présentent

Complétez les bulles.

Coucou ! Moi, c'est Oscar.

a

b

c

Action !

Nous créons la fiche « contacts » de la classe.

Pour cela, nous allons :

▷ choisir un étudiant pour noter

▷ dire notre prénom et notre nom

▷ épeler notre prénom et notre nom

▷ dire notre numéro de téléphone

▷ mettre la fiche dans la classe

Prénom	Nom	Téléphone
Julie	LAURENTIN	06 80 43 75 08
Diego	LOPEZ	06 72 27 14 64

Votre avis

	+	++	+++
La création de la fiche « contacts »	—	—	—
La fiche « contacts »	—	—	—

ma fille
mon mari
architecte
téléphoner
le Mexique
allô
français
Nantes
et toi ?
parler

Identités

Nous créons un site Internet pour la classe.

Pour cela, nous allons :
nous présenter
poser des questions sur l'identité
et les coordonnées

Les familles
Le Tallec et Bonomi
font connaissance.

Faits et gestes/Culture :
▷ **Faire connaissance**
▷ **Habiter à Nantes**

Leçon 5 | # Moi, je suis...

1 20 rue Talensac 3

Regardez la vidéo sans le son.
Associez les noms aux objets.

a **Le Tallec**   b **Bonomi**

1

2

2 Présentations 3

Regardez la vidéo avec le son. Qui dit quoi ?

1 Associez les bulles aux photos.

a   b   c

Exemple : Je suis architecte.

1 Je suis ingénieur à la SNCF.

2 Je suis étudiant en socio.

3 Je suis mariée avec Simon.

2 Complétez.

___ livreur de pizza.

3 Répondez : quel âge a Hugo ?

4 Vérifiez avec la transcription (p. 122).

3 Les enfants Le Tallec

Associez.

Moi ▪
Lui ▪
Elle ▪

▪ c'est Hugo.
▪ c'est Louise.

Pour...

→ **Se présenter** ▷ Activité 1 p. 36
J'ai + âge
J'ai 20 ans.
Je suis + situation de famille
Je suis mariée avec Simon.
Je suis + profession
Je suis architecte.

Les mots...

De la famille ▷ Activité 2 p. 36
marié(e) (avec) ≠ célibataire
la femme (de) / le mari (de)
le père / la mère
les enfants : le fils, la fille
le frère / la sœur

Des professions ▷ Activité 4 p. 36
un/une architecte
un/une professeur(e)
un/une ingénieur(e)
un/une étudiant(e)
un/une assistant(e)

un/une journalis
un/une secrétair
un/une photogra
un/une médecin

4. Dialogue

Complétez avec le verbe *être* ou *avoir*.

– Moi, je ___ étudiant, j' ___ 19 ans.
  Et vous ?
– Nous, nous ___ professeurs. Nous ___ 35 ans.
  Et lui ?
– Lui, il ___ 25 ans, il ___ médecin.

5. Professions

Associez les 6 professions aux photos.

journaliste – assistant – professeur
photographe – médecin – architecte

a

b

c

d

e

f

Grammaire 🎧 21

Être		**Avoir**	**au présent**
je	**suis**	j'	**ai**
tu	**es**	tu	**as**
il/elle	**est**	il/elle	**a**
nous	**sommes**	nous	**avons**
vous	**êtes**	vous	**avez**
ils/elles	**sont**	ils/elles	**ont**

▷ Activité 1 p. 36

Les pronoms toniques → p. 98

moi
toi
lui/elle
nous
vous
eux/elles
*Juliette ? C'est **elle**.*
*Les Le Tallec ? Ce sont **eux**.*
*Je m'appelle Hugo, et **toi** ?*

▷ Activité 3 p. 36

Phonétique 🎧 22 → p. 96

Le mot phonétique

On prononce un groupe de mots comme un seul
mot : c'est le mot phonétique.
*Je m'appelle / Laurent Bonomi / je suis ingénieur /
à la SNCF. /*

6. Je suis... 🎧 22

**Écoutez et répétez. Prononcez chaque mot
phonétique comme un seul mot.**

a   Je suis / Simon Le Tallec / je suis / votre
    nouveau voisin. /
b   Moi / je m'appelle / Françoise / et je suis
    mariée / avec Simon. /

Communication

7. Faire connaissance

Présentez-vous à la classe.
Dites votre prénom, votre âge,
votre situation de famille, votre
profession.

8. L'âge de la classe

En groupe. Calculez l'âge moyen de
la classe.

Leçon 6 | # Mes amis et moi

totem — Trouvez des personnes, des lieux ou d'autres choses

Rodolfo Marin

Journal   À propos   Photo

À propos

Date de naissance	1er juillet 1988
Sexe	Homme
Situation amoureuse	Célibataire
Profession	Professeur de français
Langues parlées	Espagnol, français
Habite à	Guadalajara (Mexique)
Vient de	Guadalajara (Mexique)

1

totem — Trouvez des personnes, des lieux ou d'autres

Amelia Gadei

Journal   À propos   Photo

À propos

Date de naissance	24 février 1978
Sexe	Femme
Situation amoureuse	Mariée
Langues parlées	Allemand, français, roumain
Habite à	Paris
Vient de	Berlin

2

totem — Trouvez des personnes, des lieux ou d'autres choses

Yvan Boucher

Journal   À propos   Photos 414   Amis 106

À propos

Date de naissance	28 avril 1991
Sexe	Homme
Profession	Professeur de français
Habite à	Tokyo
Vient de	Paris

3

1 Profils

Lisez les profils. Notez les villes et les pays.

Rodolpho : pays → Mexique ; ville → Guadalajara.

2 Messages

Associez un message à chaque profil.

@ ????? Je suis français. Je viens de Paris. J'habite et je travaille au Japon.

a

@ ????? Je suis mariée. J'habite à Paris, en France. Je suis née le 24 février 1978. Je suis allemande. Je viens de Berlin.

b

@ ????? Je parle espagnol et français. J'habite au Mexique. Je suis mexicain.

c

3 Eux et elles

Lisez les profils et les messages. Trouvez les informations.

a *Nationalité : Rodolfo → mexicain ;* Amelia → __ ; Yvan → __

b Lieu d'origine : Yvan → *Je viens de Paris ;* Amelia : → __ ; Rodolfo : → __

c Lieu d'habitation : Amelia : *J'habite à Paris, en France* ; Rodolfo → __ ; Yvan : → __

d Langues parlées : Rodolfo → *espagnol, français* ; Amelia → __

e Date de naissance : Yvan → *le 28 avril 1991* ; Amelia →__ ; Rodolfo → __

Pour...

→ Se présenter ▸ Activités 5 et 6 p. 36 et 37

Dire une date :
le + nombre + mois + année
Je suis né le 9 juillet 1961.

Dire les langues parlées :
Je parle + nationalité (masculin)
Je parle anglais.

Dire le lieu d'origine :
Je viens de / d' + ville
Je viens de Berlin.

Dire le lieu d'habitation :
J'habite + à + ville
J'habite à Paris.

Les mots...

Des nationalités ▸ Activités 5 p. 3

mexicain(e)	japonais(e)
français(e)	philippin(e)
espagnol(e)	polonais(e)
brésilien(ne)	américain(e)
italien(ne)	suisse
allemand(e)	belge
chinois(e)	coréen(ne)

4. Des pays

Cherchez 10 noms de pays.

a Pays masculins (avec « le ») : *le Mexique...*

b Pays féminins (avec « la ») : *la France...*

c Pays commençant par une voyelle : *l'Allemagne...*

d Pays pluriel (avec « les ») : *les Philippines...*

Grammaire → p. 101

Les prépositions + noms de pays

Habiter
- en + pays féminin ou commençant par une voyelle
- au + pays masculin
- aux + pays pluriel

J'habite en Belgique/en Irlande.
J'habite au Canada.
J'habite aux États-Unis.

▷ Activités 5 et 6 p. 36 et 37

Grammaire 🎧23 → p. 103

Les verbes en *-er* au présent

Pour conjuguer les verbes en *-er*, on supprime *-er* et on ajoute les terminaisons :
***e*, *es*, *e*, *ons*, *ez*, *ent*.**

Parler

je	parle	
tu	parles	
il/elle	parle	[parl]
ils/elles	parlent	
nous	parlons	[parlõ]
vous	parlez	[parle]

▷ Activité 7 p. 37

5. Conjugaison

Conjuguez le verbe au présent.

a Tu (habiter) *habites* à Rouen. Tu (parler) français ?

b Cathy et Paul (habiter) à Montréal. Ils (parler) français et anglais.

c Vous (être) français et vous (habiter) au Japon. Vous (parler) japonais ?

d Nous (habiter) à Marseille. Nous (parler) français et italien.

6. Des étudiants 🎧24

Écoutez et complétez les phrases.

a Je m'appelle Rachel, je suis américaine. Je viens ___ Philadelphie.

b Bonjour, je suis Elizabetta, je suis ___ , j'___ 34 ans. J'___ à Madrid parce que mon mari est ___ .

c Je m'appelle Adam et je ___ de Pologne, j'ai 22 ans et je suis ___ France depuis 2012.

Phonétique 🎧25 → p. 96

Le rythme (2)

Les syllabes du mot phonétique sont régulières ; la dernière est plus longue.
Je m'appelle / Yumiko / je suis japonaise / j'ai trente ans. /

| Je | m'a | ppelle | / | Yu | mi | ko | / | je | suis | ja | po | naise | / | j'ai | tren | te_ans. | / |

▷ Activité 8 p. 37

Communication

7. À vous !

1 Présentez-vous à l'oral.

Bonjour / je m'appelle (prénom) / j'habite à (ville) / j'ai (âge) / je suis né le (jour + mois + année)

2 Répondez.

- Qui est le plus jeune, le plus âgé de la classe ?
- Qui est né en janvier, février, etc. ?

8. Tweet

Vous vous présentez : écrivez un tweet.

Leçon 7 | # Toi

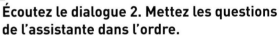

Adèle Productions

Recherche des acteurs (H/F entre 17 et 45 ans) pour un film

Téléphoner au 01 48 67 13 27 le 24 mai entre 10h et 19h.

1. Petite annonce

Lisez l'annonce d'Adèle Productions. Choisissez les réponses correctes.

Adèle Productions travaille pour :

a   le cinéma

b   la musique

c   la mode

Adèle Productions recherche :

d   des photographes

e   des cameramen

f   des acteurs

Adèle Productions recherche :

g   des femmes

h   des hommes

i   des femmes et des hommes

2. Au téléphone

Deux personnes téléphonent à Adèle Productions. Écoutez et complétez les fiches de l'assistante.

Nom : Bailly

Prénom : Caroline

Numéro de téléphone : ___

Mail : ___

Âge : ___

Profession : ___

Nom : ___

Prénom : Nicolas

Numéro de téléphone : ___

Mail : ___

Âge : ___

Profession : ___

3. Questions 🎧 27

Écoutez le dialogue 2. Mettez les questions de l'assistante dans l'ordre.

1 → c

a   Un téléphone ?

b   Qu'est-ce que vous faites dans la vie ?

c   Vous avez quel âge ?

d   Votre nom, s'il vous plaît ?

Culture/Savoir

Le téléphone : en France, les numéros de portable commencent par 06 ou 07. Les numéros de fixe commencent par 01, 02, 03, 04, 05 ou 09.

Pour...

→ Poser des questions sur l'identité et les coordonnées ▷ Activité 10 p. 37

Votre nom ?

Vous avez quel âge ?

Votre âge ?

Qu'est-ce que vous faites dans la vie ?

Vous travaillez ?

Les mots...

Du contact

appeler = téléphoner

contacter

un rendez-vous

Du téléphone ▷ Activité 10 p. 37

allô

ne quittez pas !

j'appelle pour...

4. À lui

**Lisez la transcription du dialogue 2 (p. 121).
Associez.**

a votre nom ▪

b mon portable ▪

c ma femme ▪

d son numéro ▪

1 à moi
(moi = Nicolas)

2 à elle
(elle = la femme
de Nicolas)

3 à vous
(vous = Nicolas)

> **Grammaire** → p. 100

L'adjectif possessif au singulier

masculin	féminin
mon fixe	**ma** femme
ton portable	**ta** femme
son numéro	**sa** femme
votre nom	**votre** adresse

❶ On emploie *mon*, *ton*, *son* devant un mot
féminin commençant par une voyelle :
mon adresse.

▶ Activité 11 p. 37

5. À qui ?

Transformez comme dans l'exemple.

Une adresse ; à moi → mon adresse

a Une fille ; à toi → ___
b Le portable ; à Hugo → ___
c Le fixe ; à Louise → ___
d Le nom ; à vous → ___

> **Phonétique** 🎧 28 → p. 96

L'intonation

Pour poser une question, la voix monte. ↑
Vous avez un téléphone ? ↑

Pour répondre, la voix descend. ↓
Oui. ↓ *Un portable.* ↓

▶ Activité 9 p. 37

6. ↑ ou ↓ ? 🎧 28

**La voix monte ou la voix descend ?
Écoutez et répondez.**

Un téléphone ? ↑

> **Grammaire** → p. 98

Appeler ou s'appeler ?

❶ appeler ≠ s'appeler
j'appelle ≠ je m'appelle

7. Appeler

Associez.

| J'appelle Simon | ▪ ▪ | Mon nom, c'est Simon |
| Je m'appelle Simon | ▪ ▪ | Je téléphone à Simon |

Communication

8. À vos fiches !

**Vous avez 10 minutes.
Posez des questions
dans la classe et
complétez le maxi-
mum de fiches.**

Nom : ___
Prénom : ___
Numéro de téléphone : ___
Mail : ___
Âge : ___
Profession : ___

Des coordonnées

▷ Activité 12 p. 37

un numéro de téléphone
un fixe
un portable
un mail = un email =
un courriel
@ = arobase

Leçon 8 | # Faire connaissance

1 Salutations

Répondez : dans votre pays, on fait quel geste à la première rencontre ?

2 En France  3

1 Regardez la vidéo sans le son. Associez chaque personne à un geste.

1

2

3

4

5

6

7

a

b

2 Répondez : pour se présenter (première rencontre), quels gestes font-ils ?

a les jeunes

b les adultes

3 À deux. Dites quels mots on peut utiliser pour chaque geste.

Habiter à Nantes

Des appartements sur l'île Feydeau

Une maison à Nantes

l'entrée

la salle de bains

la cuisine

la chambre

le salon

Et vous ?

1 Répondez : votre ville a combien d'habitants ?

2 Cherchez combien de personnes habitent dans une maison, un appartement dans votre ville.

3 Répondez : vous habitez dans une maison ou un appartement ?

4 Décrivez votre logement.

J'habite un appartement. J'ai une chambre...

Culture/Savoir ■

72 % des Nantais habitent dans un appartement.
21,7 % habitent dans une maison.

Entraînement

⌐Leçon 5

1 Présentations

Complétez avec « j'ai », « je suis ».

Je m'appelle Carlos, j'ai 25 ans, je suis marié.

a ___ la femme de Carlos, ___ professeure,
   ___ 26 ans.

b ___ 44 ans, ___ célibataire, ___ photographe.

c Je m'appelle Rita, ___ étudiante, ___ 20 ans.

2 La famille

Trouvez l'intrus.

Un frère – une sœur – un père – ~~un journaliste~~

a un architecte – les enfants – une fille – un fils

b un père – une mère – une fille – un étudiant

c célibataire – marié – professeur – femme de

3 C'est qui ?

Choisissez le pronom tonique correct.

Juliette ? C'est (elle) nous.

a Hugo ? C'est lui / elle.

b M. Le Tallec ? C'est elle / lui.

c Françoise ? C'est elle / eux.

d Le professeur ? C'est lui / nous.

e Les Bonomi ? Ce sont eux / toi.

4 Les professions

Dites le nom de chaque profession.

a *La professeure*

b

c

d

e   **f**

⌐Leçon 6

5 Tour du monde

Complétez les fiches.

Exemple :

Pays : *l'Allemagne*
Mathias est *allemand*.
Il parle *allemand*.
Il habite *en Allemagne*.

a Pays : Pologne
Agneska est Polonaise
Elle parle Polonaise
Elle habite en pologne

b Pays : Japon
Yumiko est japonaise
Elle parle japonaise
Elle habite en Japon

c Pays : Chine Chine
Jacky est Chinoise
Il parle chinoise
Il habite en Chine

6 Ici et là

Complétez avec « à », « en », « au » ou « de ».

Pablo est espagnol. Il vient de Séville. Il habite à Chicago, aux États-Unis.

a Ji Woong est née __ Corée, elle vient __ Séoul. Elle est professeure de coréen __ Tokyo, __ Japon.

b Paolo vient __ Rio, __ Brésil. Il est étudiant __ Paris, __ France.

c Marylin est mexicaine. Elle est née __ Guadelajara et travaille __ Mexico.

d Ye est chinois. Il vient __ Shanghai. Il est étudiant __Varsovie, __ Pologne.

e Silvia vient __ Manille. Elle est née __ Philippines.

7 Informations

Complétez avec le pronom ou la terminaison du verbe.

– *Vous étudiez à Sao Paulo ?*

– *Oui, nous étudions à Sao Paulo.*

a – __ habitez à Paris ?
  – Oui et nous travaill__ à Paris.

b – J'appell__ pour le rendez-vous.
  – __ vous appelez comment ?

c – Ils parl__ russe ?
  – Oui. __ sont russes.

d – __ habites à New York ?
  – Non, __ habite en Italie.

8 Rythme

1 Écoutez et indiquez le nombre de syllabes.

1 syllabe	2 syllabes	3 syllabes	4 syllabes	5 syllabes
☐	☐☐	☐☐☐	☐☐☐☐	☐☐☐☐☐

Je parle anglais. ————————●

2 Répétez. Respectez les mots phonétiques et le rythme.
  Bonsoir / j'habite à Madrid / j'ai vingt-huit ans / je viens de Tokyo / je suis né / le 2 janvier. /

▮ Leçon 7

9 Questions, réponses

1 Écoutez et dites si la voix monte ↑ ou descend ↓.

Votre nom ? : ↑

2 Répondez aux questions.

11 Ma famille

Complétez avec un adjectif possessif singulier.

a Je te présente ma famille : *ma* femme s'appelle Isabelle ; __ fils s'appelle Antonin et __ fille Caroline. Et toi ? Comment s'appelle __ mari ?

b Je suis célibataire mais __ sœur est mariée ; __ mari s'appelle Alaster. Elle a deux enfants : __ fils s'appelle Louis et __ fille Jeanne.

10 Au téléphone

Complétez avec « comment », « qu'est-ce que » ou « quel ».

– Bonjour, j'appelle pour le casting.
– Bonjour. Vous vous appelez *comment* ?
– Je m'appelle Émilie Joly.
– __ ça s'écrit ?
– J. O. L. Y.
– Vous avez __ âge ?
– J'ai 26 ans.
– __ vous faites dans la vie ?
– Je suis étudiante.
– D'accord, je vous appelle pour le rendez-vous. Au revoir.

12 Votre email ?

Écoutez. Notéz les emails.
l.aubrac@gmail.com

Action !

Nous créons un site Internet pour la classe.

Pour cela, nous allons :

▷ **aller sur le site de Jimdo**
www.jimdo.com
Cliquez sur « Créez votre site web gratuit ».

▷ **nous inscrire**
Choisissez une adresse, notez une adresse mail, choisissez un mot de passe et cliquez sur « Créer mon site gratuit ».

▷ **recopier le texte antispam**

▷ **confirmer l'adresse email**
Lisez le mail envoyé par Jimdo et cliquez sur « Lien d'activation ».

▷ **cliquer sur « Terminé ! »**

Jimdo

Dans quelques instants : votre nouveau site Jimdo !

Terminé ! Accédez ici à votre nouveau site.

▷ **choisir un titre pour le site**
Bravo, votre site est créé.

Titre de votre site

▷ **utiliser le site**
Prenez une photo de la classe.
Chaque étudiant écrit un texte pour se présenter.

Votre avis	+	++	+++
La création du site	—	—	—
Le site	—	—	—

Préparation au DELF A1

Vous faites un stage chez Adèle Productions. Écoutez le message, répondez aux questions et notez les informations demandées.

1. Quel est le nom de famille de Hugo ?

....

2. Hugo vient de quel pays ?
- **a** La Suisse.
- **b** La France.
- **c** Le Canada.

3. Quelle est la nationalité de Hugo ?

....

4. Où vit Hugo ?

....

5. Complétez la fiche suivante.

Prénom	Hugo
Métier	....
Âge	....
Numéro de téléphone	....
Adresse mail	....

II. Compréhension des écrits

Vous recevez le message d'un nouvel ami. Il se présente. Lisez ce message et répondez aux questions.

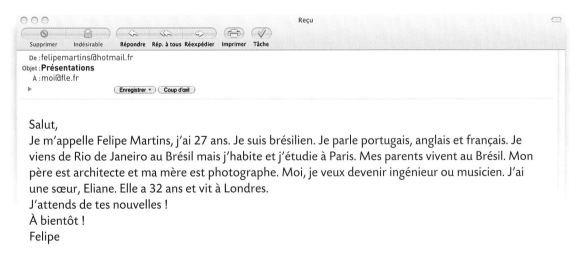

De : felipemartins@hotmail.fr
Objet : **Présentations**
À : moi@fle.fr

Salut,
Je m'appelle Felipe Martins, j'ai 27 ans. Je suis brésilien. Je parle portugais, anglais et français. Je viens de Rio de Janeiro au Brésil mais j'habite et j'étudie à Paris. Mes parents vivent au Brésil. Mon père est architecte et ma mère est photographe. Moi, je veux devenir ingénieur ou musicien. J'ai une sœur, Eliane. Elle a 32 ans et vit à Londres.
J'attends de tes nouvelles !
À bientôt !
Felipe

1. Quel âge a Felipe ?

....

2. Quelle est la nationalité de Felipe ?
- **a** Anglaise.
- **b** Française.
- **c** Portugaise.
- **d** Brésilienne.

3. Felipe parle combien de langues ?

....

4. Felipe vit :
- **a** à Rio.
- **b** à Paris.
- **c** à Londres.

Préparation au DELF A1

5. Quel est le métier de la mère de Felipe ?

6. Comment s'appelle la sœur de Felipe ?

....

a

b

c

III. Production écrite

▷ Remplir un formulaire

Vous remplissez cette fiche pour participer à un film français.

Nom	
Prénom	
Âge	
Nationalité	
Date de naissance	
Pays où vous vivez aujourd'hui	
Ville où vous vivez aujourd'hui	
Métier	
Numéro de téléphone	
Courriel	

▷ Écrire un message court

Vous répondez au message de Felipe (cf. Compréhension des écrits). Vous vous présentez : nom, prénom, âge, profession, nationalité, etc. (50 mots environ).

....

....

....

IV. Production orale
---

1. Vous faites la connaissance d'un Français. Vous vous présentez, vous parlez de vous (votre âge, votre profession, votre pays, etc.).

2. À deux : vous posez des questions à un(e) ami(e) dans la salle de cours. Vous lui demandez un maximum d'informations sur lui/elle.

un menu
un dessert
merci
ça te dit ?
visiter un musée
le samedi soir
faire la fête
un jardin
voir un film

Sorties

▷ **Nous organisons une sortie.**

Pour cela, nous allons savoir comment :
- commander au restaurant
- poser des questions
- décrire une ville
- dire le temps qu'il fait
- proposer une sortie
- organiser un rendez-vous
- dire l'heure
- situer dans l'espace

▶ **Les familles Bonomi et Le Tallec vont au restaurant pour faire connaissance.**

Faits et gestes/Culture :
▷ **Au restaurant**
▷ **Bienvenue à Paris**

Leçon 9 **Et pour vous ?**

1 Un déjeuner

1 Regardez la vidéo sans le son. Répondez.

a Vous connaissez quels personnages ?
b Ils sont où ?

2 Qu'est-ce que vous voyez dans le restaurant ? Choisissez.

a **Une carte**	b **Une carafe d'eau**	c **Une caisse**	d **Une serviette**

e **Le sel** f **Le poivre** g **L'addition** h **Un comptoir**

2 La commande

Regardez la vidéo avec le son.
1 Répondez.

a Quels sont les plats du jour ?
b Qui prend quoi ? Choisissez.

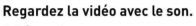

1 **Le steak frites** 2 **La salade italienne** 3 **Le poulet basquaise** 4 **Le saumon**

2 Répondez.

a À votre avis, qui prend la tarte aux pommes ?
b Qui paie ?
c Combien coûte le repas ?

Culture/Savoir
Un steak saignant, à point ou bien cuit.

Pour...

→ **Commander au restaurant** ▷ Activité 1 p. 50

Le serveur :
- Comme plat du jour, il y a le poulet basquaise.
Le client :
- Un steak frites, s'il vous plaît.
- L'addition, s'il vous plaît !

→ **Poser des questions** ▷ Activité 2 p. 50

- Qu'est-ce que tu prends ? - Le poulet.
- Est-ce que vous prenez du vin ? - Oui/Non.

Les mots...

De la restauration ▷ Activités 1 et 3 p. 50

le menu – la carte – le plat
l'addition
une salade
une entrée : les escargots
la viande : le poulet ; un steak
un poisson : le saumon

un dessert : la tarte aux pommes, la mousse au chocolat
une boisson : une carafe d'e
un jus de fruit, le vin
le déjeuner – le dîner
le sel – le poivre

3 Serveur ou client ?  4

Regardez la vidéo avec le son. Qui dit quoi ?

1 Les clients

2 Le serveur

Bonjour, voici la carte. → *le serveur*

a Aujourd'hui, comme plat du jour, il y a le poulet basquaise et le saumon grillé.

b Un steak frites, à point, s'il vous plaît.

c Et comme boissons ? Est-ce que vous prenez du vin ? Une carafe d'eau ?

d L'addition, s'il vous plaît.

4 Les articles

Associez.

a une entrée ▪   ▪ 1 le poulet basquaise

b un plat ▪   ▪ 2 la tarte aux pommes

c un dessert ▪   ▪ 3 la salade italienne

Grammaire → p. 99

Les articles indéfinis et définis (2)

L'article indéfini permet de généraliser :
un steak, une salade, des steaks.

L'article défini permet de préciser :
le menu, la carte, l'addition, les desserts.

▷ Activité 3 p. 50

---

5 Chez Violette

Complétez avec les articles indéfinis ou définis.

Le restaurant *Chez Violette* propose **un** menu avec **une** entrée : **la** salade italienne ou **les** escargots ; **un** plat : **le** saumon grillé ou **le** poulet basquaise ; **un** dessert : **la** tarte aux pommes ou **la** mousse au chocolat.

Grammaire 🎧 33

Prendre au présent

je	pren**ds**	⎫
tu	pren**ds**	⎬ [prɑ̃]
il/elle/on	pren**d**	⎭
nous	pren**ons**	⎫ [prən]
vous	pren**ez**	⎬
ils/elles	pren**nent**	[prɛn]

▷ Activité 4 p. 50

---

6 Questions

Vous êtes au restaurant avec les Bonomi et les Le Tallec. Répondez.

Est-ce que vous prenez du vin ? Oui/Non

a Qu'est-ce que vous prenez comme plat ?

b Est-ce que vous prenez une entrée ?

c Qu'est-ce que vous prenez comme dessert ?

Phonétique 🎧 34 → p. 97

La liaison

On ne s'arrête pas entre les mots.
un apéritif = « Unapéritif »

▷ Activité 5 p. 50

Communication

7 Le menu

En groupe. Écrivez le menu du restaurant *Chez Félix* : proposez 3 entrées, 2 viandes, 1 poisson, 2 desserts et 3 boissons. Donnez le prix du menu.

8 Chez Félix

En groupe. Vous dînez *Chez Félix* : jouez la scène.

- Le serveur donne le menu.
- Les clients choisissent : une entrée, une viande ou un poisson et un dessert.
- Le serveur prend la commande.
- Les clients demandent l'addition.

Leçon 10 | À Paris

Paris est romantique... Il y a le fleuve, les quais, la rive gauche, la rive droite, les ponts, les bateaux, les jardins... Il y a aussi les rues, les avenues, les places.

Les ponts de Paris

Il y a 37 ponts à Paris. On retrouve des amis sur le Pont-Neuf, on écoute de la musique sur le pont des Arts. À vous de découvrir les autres ponts.

Les quais de Paris

Sur la rive gauche, on fait une promenade sur le quai Saint-Bernard, on regarde les bateaux. Sur la rive droite, l'été, il fait beau, c'est Paris-Plages : on bronze, on pique-nique. Les Parisiens font la fête.

Les bouquinistes

Sur les 2 rives, les bouquinistes sont là. Ils vendent des livres et des cartes postales.

Culture/Savoir

Nombre d'habitants à Paris en 2012 : 2 268 265
Nombre de touristes étrangers en 2012 : 15,6 millions

1 Des activités parisiennes

1 Lisez la brochure. Associez les lieux et les activités.

a Sur le Pont-Neuf

b Sur le pont des Arts

c Sur le quai Saint-Bernard

d À Paris-Plages

1 On fait une promenade.

2 On bronze, on pique-nique ; les Parisiens font la fête.

3 On retrouve des amis.

4 On écoute de la musique.

2 Choisissez la bonne répo

Les bouquinistes sont :

a des touristes.

b des vendeurs.

c des danseurs.

Pour...

→ **Décrire une ville**
il y a + article + nom
À Paris, il y a le fleuve, les quais, les ponts, les rues, les avenues.

Les mots...

Des activités ▶ Activité 7 p. 51

retrouver des amis
écouter de la musique
découvrir
faire une promenade

faire la fête
regarder
bronzer
pique-niquer

De la ville

une rive   un bateau
une place   un jardin
un musée

De la météo ▶ Activité 6 p. 50

il fait beau ≠ il pleut
il fait chaud ≠ il fait froid

2 C'est Paris

Cherchez sur le plan :

a *la rive droite* - **b** un fleuve (la Seine) - **c** la rive gauche - **d** un quai - **e** un bateau - **f** un pont **g** un jardin - **h** un musée - **i** une avenue - **j** une rue - **k** une place

Phonétique 🎧35

Le nom au singulier et au pluriel

Le nom a la même prononciation au singulier et au pluriel. On ne prononce pas le «s» final.
pont = ponts = [pɔ̃]
quai = quais = [kɛ]
L'article change :
singulier : *le pont* – pluriel : *les ponts*

Grammaire → p. 99

Le pluriel des noms

On ajoute un « **s** » :
le quai → les quais   [kɛ]
un pont → des ponts   [pɔ̃]
On ne prononce pas le « **s** ».
❶ *un bateau → des bateaux*

▷ **Activité 8 p. 51**

3 Singulier ou pluriel ?

Mettez au singulier ou au pluriel.
le jardin → les jardins

a les bouquinistes   **d** la place
b les amis   **e** la rive
c la rue   **f** l'avenue

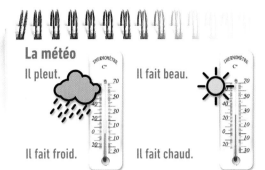

La météo
Il pleut.   Il fait beau.
Il fait froid.   Il fait chaud.

4 Qu'est-ce qu'on fait ?

Associez une activité, un lieu et la météo. Utilisez *on*.

- Regarder un film, regarder les bouquinistes, faire la fête, faire une promenade, écouter de la musique, pique-niquer...
- Au jardin du Luxembourg, au cinéma, sur les quais, à la maison...

Sur les quais, il fait beau, on regarde les bouquinistes.

Grammaire 🎧36

Faire au présent

je	fai**s**	
tu	fai**s**	[fɛ]
il/elle/on	fai**t**	
nous	fai**s**ons	[fəzɔ̃]
vous	**fait**es	[fɛt]
ils/elles	fon**t**	[fɔ̃]

▷ **Activité 7 p. 51**

Le pronom « on » → p. 98

On = les personnes à Paris (Parisiens, touristes...)
❶ Avec **on**, le verbe se conjugue comme avec « il » ou « elle » : *On **fait** la fête.*

Communication

5 Votre ville

En groupe. Écrivez la brochure de votre ville. Trouvez des photos !

Prague est romantique !
Il y a...
L'été, on...
L'hiver, on...

6 Votre quartier

Décrivez votre quartier à la classe. La classe trouve où vous habitez.

Leçon 11 | # Métro Odéon

1. On va où ?

Écoutez.

1 Associez chaque photo à un dialogue.

2 Dites de quoi ils parlent.

a Aller au travail
b Proposer une sortie
c Visiter Paris

Dialogue n° ___   Dialogue n° ___   Dialogue n° ___

2. Les 3 sorties

Écoutez. Pour chaque dialogue, dites où ils vont, quand, à quelle heure, pour faire quoi.

Dialogue 1 – Où → chez Paparazzi, demain soir, à 20 heures, dîner.

a Dialogue 2
b Dialogue 3

L'heure
Il est :

10 heures   10 heures 10   10 heures et quart   10 heures et demie

10 heures moins 20   10 heures moins le quart   midi   minuit

3. Pour sortir

1 Écoutez et complétez : pour proposer une sortie, on peut dire :

Ça te dit ?

a ___ ?
b ___ ?
c ___ ?

2 Écoutez et lisez la transcription (p. 123)
Vérifiez vos réponses.

Pour...

→ **Proposer une sortie**

Tu fais quoi / Vous faites quoi + jour ?
Ça te dit de / Ça vous dit de + infinitif ?
Tu viens / Vous venez + avec moi / nous ?

→ **Dire l'heure** ▷ Activité 12 p. 51

Il est + heure
Il est 10 heures.

→ **Organiser un rendez-vous**

- On demande : « Où ? »
On répond : « *Chez* Paparazzi, à côté de l'opéra, devant le cinéma. »
- On demande : « Quand ? » ;
« À quelle heure ? »
On répond : « Aujourd'hui, demain soir, dimanche à 20 heures. »

→ **Situer dans l'espace**

On se retrouve devant le cinéma.

Grammaire 🎧 38

	Aller	**Venir au présent**
je	vais	viens
tu	vas	viens
il/elle/on	va	vient
nous	allons	venons
vous	allez	venez
ils/elles	vont	viennent

▷ Activité 10 p. 51

Grammaire → p. 98

La négation

Sujet + **ne** (n') + verbe + **pas**

*Je **ne** connais **pas**.*   *Je **n'**aime **pas**.*

▷ Activité 9 p. 51

4 On sort !

Julie propose une sortie à son ami Jules. Complétez le dialogue.

Julie : Tu __ avec moi au ciné ?
Jules : Quand ?
Julie : Demain __ .
Jules : __ ?
Julie : À 19 heures.
Jules : D'accord, on __ où ?
Julie : __ le cinéma.
Jules : Ok, à __ .

5 Non !

Répondez négativement.

– *Tu vas au cinéma ?*
– *Non, je ne vais pas au cinéma.*

a   Tu viens avec moi ?
b   Vous venez samedi ?
c   Vous aimez le cinéma français ?
d   Tu visites les musées ?

La localisation

Devant   **Derrière**   **À côté**   **Sur**   **Sous**

Communication

6 On s'organise

À deux. Organisez une sortie. Vous choisissez une activité culturelle et un restaurant. Vous décidez du lieu de rendez-vous et de l'heure. Jouez la scène.

Phonétique 🎧 39 → p. 97

Les enchaînements

On ne s'arrête pas entre les mots.
Il est sept heures → [i-le-sɛ-tœr] = « ilestseptheures »

Quatre heures et quart → [ka-trœ-re-kar] = « quatreheuresetquart »

▷ Activité 13 p. 51

Expositions
Peinture

Edward Hopper
10 h 00 à 20 h 00
Galeries nationales du Grand Palais
3 avenue du Général-Eisenhower – 75008 Paris
···· des internautes ★★★★★ (8 notes)

Cinéma

Augustine
réalisé par Alice Winocour
Drame avec Grégoire Colin, Vincent Lindon,
Stéphanie Sokolonski, Chiara Mastroianni, Olivier
Rabourdin, Sophie Cattani (1 h 41 min)
Note des internautes ★★★★★ (aucune note)
Horaires : 11 h 00, 13 h 15, 15 h 50, 17 h 45, 20 h···
22 h 15
Ciné···

Restos à Paris

Tradition de 30 à 50 €

Racines
8 passage des Panoramas – 75002 Paris
M Grands Boulevards

Tradition de 30 à 50 €

Le Coq rico
98 rue Lepic – 75018 Paris

Les mots...

De la journée	**Des activités culturelles** ▷ Activité 11 p. 51
e matin	voir un film au cinéma
e midi	visiter un musée
e soir	aller au théâtre
'après-midi	sortir
a nuit	
ujourd'hui	
emain	

Faits et gestes

Au restaurant

1. Mimiques et gestes 4

Regardez la vidéo sans le son.

1 Dites à quelle attitude correspond chaque photo.

  a Attente/Retard
  b Hésitation

2 Associez les phrases aux photos.

  a « Monsieur, s'il vous plaît. »
  b « Trois poulets, s'il vous plaît. »
  c « Tchin-tchin ! »
  d « Nous vous invitons. »

2. Un seul mot 4

Regardez la vidéo avec le son et lisez la transcription (p. 122). Cherchez le mot qui signifie :

Excusez-moi : désolé

a Attends : ___ .
b Pardon : ___ .

3. Le pourboire

Répondez aux questions.

a Est-ce que, dans votre pays, on donne un pourboire ? À qui ?

b Regardez la photo. Lucie a laissé 3 euros de pourboire. Qu'est-ce que vous pensez de ce pourboire ?

Bienvenue à Paris

Monuments [totem] 5

1 Regardez la vidéo « Bienvenue à Paris ». Dites quels monuments vous connaissez.

2 Associez les photos aux activités. Plusieurs réponses sont possibles.

a Écouter
b Manger
c Regarder

d Se rencontrer
e Sortir
f Faire du shopping

g Se promener
h Découvrir

Quel siècle ? [totem] 5

Regardez la vidéo. Associez une période à un lieu.

19e siècle : Le Moulin rouge

a 13e siècle
b 17e siècle
c L'époque moderne

À Paris

À deux. Proposez un parcours d'une journée à un ami qui ne connaît pas Paris.

Entraînement

┃ Leçon 9

1. Au restaurant

Complétez le dialogue.
- Bonsoir monsieur, qu'est-ce que vous prenez ?
- Je *prends* la salade italienne et un *poisson / plat*
- Quelle cuisson ?
- *Le saumon* _____ , s'il vous plaît.
- Et comme *en ?boisson*
- *curage* Une ___ d'eau ___ . Qu'est-ce que vous avez comme *dessert*
- Aujourd'hui, il y a la mousse au chocolat.
- La mousse au chocolat ? Non, *la tarte aux pommes*

2. Questions

Répondez.
- *Est-ce que vous aimez les desserts ?*
- *Oui/Non.*
- *Qu'est-ce que vous prenez comme entrée ?*
- *La salade.*

a Qu'est-ce que vous pensez de la cuisine française ?
b Est-ce que vous aimez le poulet basquaise ?
c Est-ce qu'il y a un bon restaurant dans votre ville ?
d Qu'est-ce que vous faites le samedi soir avec vos amis ?

3. Un bon restaurant !

Complétez le message avec *un / une / des* ou *le / la / l' / les*.
Bonjour,
Je connais *un* restaurant : c'est *le* restaurant *Chez Félicie*. Il propose *une* carte avec *un* menu. Sur *la* carte, il y a *des* entrées, *des* plats, *des* desserts. *Les* entrées sont bonnes et j'aime *les* desserts, alors je prends toujours *un* menu. Comme plat, je prends *le* steak ou *la* salade : *le* steak à point et *la* salade italienne. *Le* restaurant n'est pas cher !

À bientôt
Lucie

4. Prendre

1 Associez pour conjuguer le verbe *prendre*.

a	je ▢	
b	nous ▢	▢ [prɛn]
c	ils/elles ▢	▢ [prɑ̃ɔ̃]
d	tu ▢	▢ [prəne]
e	vous ▢	▢ [prɑ̃]
f	elle/il ▢	▢

2 Écoutez pour vérifier.

5. Les liaisons

Écoutez et choisissez : [napéritif], [zapéritif] ou [tapéritif] ?

	[napéritif]	[zapéritif]	[tapéritif]
Un apéritif	✗		

┃ Leçon 10

6. Météo

Dites le temps qu'il fait.
À Lille, il pleut et il fait froid : 2°.

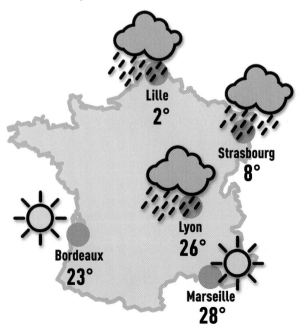

Lille 2°
Strasbourg 8°
Lyon 26°
Bordeaux 23°
Marseille 28°

Dialogue

7. Qui fait quoi ?

Associez.

a	Pierre et Paul ▨	▨ 1	font du sport.
b	Les Parisiennes ▨	▨ 2	fais une promenade.
c	Moi, je ▨	▨ 3	font du shopping.
d	Les étudiants de la classe ▨	▨ 4	fait un site Internet.
e	Émilie ▨	▨ 5	font des exercices.
f	Vous, les jeunes ▨	▨ 6	fait la fête.
g	Léo ▨	▨ 7	faites un pique-nique.

8. Activités

Complétez avec *le, la, les, l', des, une*.

a   On va sur __ pont des Arts ?
b   __ été, il fait du sport.
c   Elle regarde __ Seine.
d   On retrouve __ amis de Léa.
e   Nous découvrons __ jardins des Tuileries.
f   J'ai __ amie à Paris.

▪ **Leçon 11**

---

9. Non, non et non !

Transformez à la forme négative.
J'aime me promener.
→ *Je n'aime pas me promener.*

a   Je connais Paris.
b   Il fait beau.
c   Les Français aiment pique-niquer l'été.
d   Je viens chez toi demain.
e   Nous allons au cinéma le vendredi soir.

10. Les sorties

Complétez le dialogue avec les verbes *faire*, *aller* ou *venir* au présent.

– Tu __ quoi aujourd'hui ?
– Je __ au cinéma. Tu __ avec moi ?
– Non, avec Lucie, nous __ au musée.
– Pierre et Marianne __ avec vous ?
– Non, ils __ au restaurant !
– Et demain, ils __ quoi ?
– Demain, on __ au théâtre tous les quatre.
– Ah ! Demain, je __ avec vous !

11. Et vous ?

Répondez aux questions.

a   Aujourd'hui, on est quel jour ?
b   Maintenant, il est quelle heure ?
c   Vous êtes où ?
d   Vous faites quoi ?

12. Quelle heure est-il ?

Dites l'heure.
Il est 2 heures moins dix.

a   04:15

b   10:10

c   07:45

d   00:00

e   08:30

f   12:00

13. Les enchaînements

 41

Écoutez et choisissez : [nœr], [kœr], [trœr], [tœr], [zœr] ou [vœr] ?

[nœr]	[kœr]	[trœr]	[tœr]	[zœr]	[vœr]

Il est trois heures.   ✗

Action !

Nous organisons une sortie.

Pour cela, nous allons :

Avant la sortie

▷ **décider d'un budget**

Faites un sondage dans la classe. Inscrivez le nombre d'étudiants qui sont d'accord pour dépenser 20, 30 ou 40 euros (ou l'équivalent dans votre monnaie).

20 euros	30 euros	40 euros
—	—	—

▷ **choisir un lieu**

Complétez la liste pour choisir le lieu et une activité.

Quartier de votre ville	Restaurant	Musée	Cinéma
—	—	—	—

▷ **choisir un jour, un moment de la journée**

Le jour de la semaine	Le moment de la journée
—	—

▷ **nous mettre d'accord sur le rendez-vous**

Le lieu du rendez-vous	L'heure du rendez-vous
—	—

▷ **penser à noter les numéros de téléphone des participants**

Prénoms	Numéros de téléphone
—	—
—	—
—	—
—	—

Pendant la sortie

Prenez des photos.

Après la sortie

Publiez 4 ou 5 photos sur le site de la classe et écrivez un commentaire pour chaque photo.

Votre avis

	+	++	+++
La sortie	—	—	—

une veste
une robe
rouge
bleu
des ingrédients
un kilo
un poireau
au marché
les magasins

Achats

> **Nous organisons une fête pour la classe.**

Pour cela, nous allons savoir comment :
- acheter dans un magasin
- indiquer une quantité
- faire les courses

 Hugo achète une veste.

Faits et gestes/Culture :
> **La bonne attitude**
> **Le bien manger**

Leçon 13 | # Ça vous plaît ?

1. Hugo chez Modesign  6

Regardez la vidéo sans le son. Dites quels vêtements vous voyez dans le magasin.

a un pantalon
b une robe
c une veste

d une chemise
e une cravate
f des chaussures

2. L'achat 6

Regardez la vidéo avec le son. Répondez aux questions.

a Qu'est-ce que Hugo achète ?
b Pourquoi ?

c Quelle est sa taille ?
d Quel est le prix ?

Culture/Savoir

Les tailles des vestes en France :

femmes			hommes
36	=	XS	= 42/44
38	=	S	= 46/48
40	=	M	= 50/52
42	=	L	= 54/56
44	=	XL	= 58/60

3. Le client ou la vendeuse ? 6

Regardez la vidéo avec le son. Qui dit quoi ? Choisissez.

1 Le vendeur

2 La vendeuse

a Bonjour monsieur.
b Je peux vous aider ?
c Je cherche une veste.
d Vous voulez une veste de quelle couleur ?
e Quelle est votre taille ?
f Voulez-vous l'essayer ?
g Ça me plaît bien.
h C'est combien ?
i 139 euros.
j Vous payez comment ?
k En liquide.

3 Hugo

Les couleurs ▷ Activité 1 p. 62

noir bleu rouge vert orange gris blanc jaune rose vio

Pour...

→ **Acheter dans un magasin** ▷ Activités 3 et 6 p. 62

Le client/La cliente :
Je cherche une veste.
C'est combien ?
En liquide, par carte, par chèque.

Le vendeur/La vendeuse :
Quelle est votre taille ?
Voulez-vous l'essayer ?
Vous payez comment ?

Les mots...

De l'intensité ▷ Activité 5 p. 62

un peu/très/trop + adjectif
Un peu grande ?
Trop chère ?

Les mots...

Des vêtements ▷ Activités 1 et

une veste
une cravate
un pantalon/un jean
une chemise
une robe
des chaussures
porter
la taille

→ p. 94

Phonétique 42

Le son [Œ] :

deux   neuf   ce
[ø] [œ] [ə]

4 [OE] 42

Écoutez. Les deux groupes de mots sont identiques (=) ou différents (≠) ?

	Identiques	Différents
un peu – un peu	✗	

Grammaire

L'adjectif interrogatif « quel » → p. 101

Pour poser une question sur quelque chose :
Quel *genre* de veste ?
Quelle est votre *taille* ?
Quelles *couleurs* ?
Quels *styles* ?

L'inversion sujet - verbe → p. 102

Pour poser une question :
Voulez-vous l'essayer ?
Vous **voulez** l'essayer ?

Les adjectifs démonstratifs → p. 100

Pour montrer l'objet :
Ce style, ça vous plaît ?
Cet + nom commençant par une voyelle :
cet *article* ?
Cette veste est un peu grande.
Ces chaussures.

▷ Activité 4 p. 62

5 Culture mode

1 Dites le nom et la couleur des vêtements.

ROBE NOIRE
VESTE VERTE
CHAUSSURES
ROUGES

CHEMISE ROSE
JEAN NOIR
CHAUSSURES
NOIRES

2 Dites ce que vous portez.
Je porte un pantalon noir.

6 Un client pas content 43

Écoutez et complétez avec *quel*, *quelle*, *ce*, *cette*.

- Je voudrais *cette* veste.
- ___ veste ?
- ___ veste.
- ___ couleur ?
- ___ couleur. Je voudrais aussi un pantalon.
- ___ pantalon ?
- ___ pantalon. Et ___ cravate.
- ___ cravate ?
- Et une chemise.
- ___ chemise ?
- ___ chemise. Et un tee-shirt noir. ___ tee-shirt.
- ___ taille ?
- Je peux payer par carte ?

Communication

7 *Elle* magazine

Écrivez un article pour le magazine *Elle*. Décrivez les vêtements, précisez les couleurs. Illustrez l'article avec des dessins ou des photos.

Titre : *Homme/Femme : à la mode cet été*

8 Sur les Champs-Élysées

En groupe. Organisez un magasin dans la classe.

- Le vendeur/La vendeuse accueille, fait des propositions, précise les couleurs.
- Le client/La cliente cherche un vêtement, choisit et paie.

Leçon 14 | Qu'est-ce qu'on mange

SYLVIA GABET

ON MANGE QUOI CE SOIR ?

80 RECETTES FAITES EN 20 MINUTES POUR LES SOIRS DE SEMAINE

Éditions de La Martinière

1

Veau à la provençale

Préparation : 10 min.
Cuisson : 20 min.

Ingrédients
(pour 4 personnes) :

- 700 g de veau
- un peu d'huile
- 3 oignons
- 2 gousses d'ail
- 2 cuillères d'herbes de Provence
- 5 tomates
- 200 g de courgettes
- sel et poivre

Préparation :
- Coupez la viande en morceaux.
- Épluchez et coupez les oignons.
- Coupez les courgettes et l'ail.
- Versez l'huile dans une cocotte, faites cuire la viande et les oignons pendant 5 min.
- Ajoutez les tomates, l'ail, les herbes de Provence. Salez et poivrez. Faites cuire 5 min.
- Ajoutez les courgettes et continuez la cuisson.
- Servez chaud.

| Vous pouvez aussi réaliser la recette avec de la viande de poulet ou de bœuf.

2

1. Le livre de recettes

Observez le document 1. Trouvez la bonne réponse.

Le livre *On mange quoi ce soir ?* propose :

a   des recettes faciles.

b   des recettes pour le week-end.

c   des recettes pour le déjeuner.

2. Le veau à la provençale

1 Lisez la recette (document 2). Notez les quantités.

a   *veau → 700 grammes*

2 Trouvez les 3 autres façons d'indiquer la quantité.

Nombre + ingrédient → 2 oignons.

Pour...

→ **Indiquer une quantité** ▷ Activité 9 p. 63

1, 2, 3... + ingrédient : *cinq* tomates
200 grammes, 1 kilo... + **de (d'*)** + ingrédient : ***700 g de*** veau
Une cuillère/un verre/une bouteille/une gousse + **de (d'*)** + ingrédient :
2 cuillères d'*herbes*
un peu/beaucoup + **de (d'*)** + ingrédient : *un peu de sel*

***d'** + voyelle ou « h »

Les mots...

La cuisine ▷ Activités 7 et 10 p. 63

Les ingrédients :
une tomate, une courgette, un oignon, l'ail, des herbes de Provence, l'huile

Les ustensiles :
la cocotte, la poêle, le moule, la cuillère, le four

La préparation

1 Mettez les images dans l'ordre.

1 → b

a   b   c   d   e

2 Associez.

Épluchez   la viande en morceaux.

Coupez   les tomates.

Versez   la viande et les oignons.

Ajoutez   les oignons.

Faites cuire   l'huile.

Grammaire 44   → p. 102

L'impératif

On utilise l'impératif pour dire à quelqu'un de faire quelque chose.

V~~ous~~	versez	ajoutez	coupez	faites
tu	verse~~z~~	ajoute	coupe	fais

▶ Activité 8 p. 63

Les pommes au four

Complétez avec les verbes à l'impératif :
servir, éplucher, couper, ajouter, verser, faire cuire **(x 2).**

___ les pommes. ___ les pommes en morceaux.
___ les morceaux dans une poêle pendant 2 min.
___ les pommes dans un moule. ___ le sucre.
___ au four pendant 20 min. ___ avec de la crème Chantilly !

Les ustensiles

Dessinez une poêle, un four, une cuillère, un moule.

Phonétique 45   → p. 97

L'élision

le, je, ne, de, se, ce, me, te, + **voyelle** (ou « h ») = l', j', n', d', s', c', m', t'; ils se prononcent avec la voyelle.
l'**ai**l = [laj] = "lail"
j'**h**abite = [ʒabit] = « jhabite »
un peu d'**h**uile = [dɥil] = un peu « dhuile »
je t'**ai**me = [tɛm] = je « taime »

Culture/Savoir ❙

Les plats préférés des Français :
1. le magret de canard
2. les moules frites
3. le couscous

Le livre de recettes de la classe

1 Présentez votre plat préféré ; donnez les ingrédients.

2 À deux, écrivez une recette facile : indiquez les temps de préparation et de cuisson, faites la liste des ingrédients, décrivez la préparation.

3 Créez le livre de recettes de la classe : regroupez vos recettes, créez la couverture (titre, photos...).

Des actions :
éplucher, couper en morceaux, verser, ajouter, faire cuire, continuer la cuisson, servir

Leçon 15 | Au marché

1 Le marché de Talensac

1 **Regardez les photos. Dites ce que vous connaissez.**

Une boulangerie

2 **Associez les photos et les noms de magasins.**

a la boulangerie
b la boucherie
c la poissonnerie
d la fromagerie
e le primeur

3 **Quels ingrédients connaissez-vous ? Faites la liste.**

Une tomate

2 Les courses 🎧 46

Écoutez. Trouvez la liste des courses de la cliente et du client.

- De la salade : une
- Du potiron :
  un morceau
- Des carottes : 1 kg
- Des tomates : 1 kg
- Des courgettes :
  4

Liste 1

- Des haricots
  verts : 500 g
- Des poireaux : 3
- Des pommes de
  terre : 1 kg
- Des oignons : 4
- Des poires : 4
  ou 5
- Des pommes :
  500 g

Liste 2

- De la salade : une
- Du potiron :
  un morceau
- Des carottes : 1 kg
- Des tomates :
  500 g
- Des courgettes : 4

Liste 3

- Des haricots verts :
  500 g
- Des poireaux : 3
- Des pommes de
  terre : 1 kg
- Des cerises : 1 kg
- Des poires : 500 g

Liste 4

> **Culture/Savoir**
> Le marché de Talensac
> est au centre de Nantes.
> Il date de 1829 !

Pour...

→ Faire les courses

Je voudrais des tomates.
Je veux du potiron.
Vous avez des courgettes ?
Ça fait combien ? / Je vous dois combien ?

Les mots...

Des magasins ▷ Activité 13 p. 63
la boulangerie
la boucherie
la poissonnerie
le fromager
le primeur

Les mots...

Du marché ▷ Activité 11 p. 63
un poireau
une salade
des haricots verts
une carotte
une pomme
de terre
une banane
une fraise
une orange
du raisin
le lait
les œufs
le pain

3 Des fruits

1 Retrouvez le nom des fruits.

a une fraise
b du raisin
c une orange
d une banane

2 Dites si vous connaissez d'autres fruits.

Grammaire → p. 103

Les articles partitifs

L'expression de la quantité

- On connaît la quantité exacte (cf. leçon 14) :
  1, 2, 3… + produit
  1 kg/500 g/ 1 morceau… + de/d' + produit

- On ne connaît pas la quantité :
  du potiron (**de** l'argent)
  de la salade (**de** l'eau)
  des tomates (**des** oranges)

- La quantité 0 :
  pas + **de/d'** + produit
  *Il n'y a **pas de** courgettes.*

▷ Activité 11 p. 63

4 Chez le primeur

Complétez avec *du, des, 1 kg de, 500 g de, pas de, 5.*

- C'est à vous ? Bonjour madame !
- Oui, bonjour. Je voudrais ___ raisin.
- Combien ?
- ___ raisin, s'il vous plaît. Et ___ bananes. ___, bananes.
- Et avec ça ?
- ___ oranges, ___ oranges. Vous avez ___ fraises?
- Ah non ! Désolé ! Je n'ai ___ fraises !
- Je vous dois combien ?
- 9€ 40, merci!

Phonétique 🎧47 → p. 94

Le son [Œ] [ø] [œ] [ə]   **Le son [E]** [e] [ɛ]
d<u>eu</u>x n<u>eu</u>f c<u>e</u>   <u>é</u>t<u>é</u> <u>e</u>lle

5 [Œ] ou [E] ? 🎧47

Écoutez. Vous entendez : « deux » [dŒ] ou « des » [dE] ?

	[dŒ]	[dE]
deux bananes	✗	

Grammaire 🎧48

	Vouloir	**Pouvoir**	**au présent**
je/tu	veux	peux	
il/elle/on	veut	peut	
ils/elles	veulent	peuvent	
nous	voulons	pouvons	
vous	voulez	pouvez	

❶ le conditionnel de politesse : je voudrais

Les présentatifs → p. 99

c'est/voilà   ça
C'est à moi !   Avec **ça** ?
Voilà des pommes   **Ça** fait combien?

6 Le bon choix

Choisissez le mot correct.

Je (veux)/peux une banane.

a Vous voulez voilà/ça ?
b Ça/C'est combien ?
c Elles peuvent/veulent du pain.
d On n'a pas de/d'œufs.
e C'est/Voilà ton fromage.

Communication

7 Les courses

En groupe. Choisissez 2 ou 3 recettes dans votre livre de recettes (leçon 14 p. 57). Écrivez une liste de courses pour préparer les recettes ; indiquez les quantités (votre liste doit comporter 5 légumes et 3 fruits au minimum).

8 La classe est un marché !

En groupe. Au marché, vous achetez des fruits et des légumes. Jouez la scène.
Le client demande les produits, le vendeur demande les quantités, le client dit les quantités, demande le prix et paie.

Leçon 16 | La bonne attitude

1 On fait comment ?

1 Regardez les photos et dites quelle attitude est correcte.

a

ou

c

ou

e

b

d

f

2 Regardez la vidéo et vérifiez vos réponses. **totem** 6

2 Gestes **totem** 6

Regardez la vidéo. Associez les phrases aux gestes.

a « Voulez-vous l'essayer ? »
b « C'est magnifique. »
c « Je ne sais pas. »

1

2

3

3 Vos achats

Répondez aux questions.

a Quels vêtements achetez-vous le plus ?
b Vous payez par carte, par chèque ou en liquide

Le bien manger

4. www.mangerbouger.fr

Observez les pages du *Guide alimentaire pour tous*. Dites sur quelle affiche se trouvent ces aliments.

Du saumon → 3

a du citron
b des haricots verts
c des tomates
d de la salade
e des oignons
f des radis
g du fromage
h des œufs

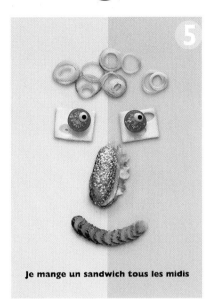

Je mange un sandwich tous les midis

Je ne cuisine pas

J'ai toujours faim

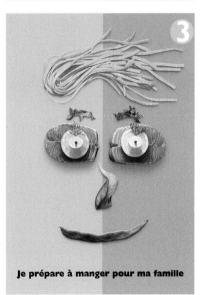

Je prépare à manger pour ma famille

5. Profils

Associez les profils à une affiche.

a Sylvie est professeur. Elle fait les courses au marché et cuisine pour sa famille.
b Émilie n'a pas le temps. Elle travaille beaucoup et déjeune très vite au café.
c Paul aime beaucoup manger. Il mange toute la journée !
d Franck n'aime pas cuisiner.

6. Vous

**Et vous ? Quelle affiche vous représente ?
Écrivez votre profil.**

7. Votre marché

Répondez.

a Est-ce qu'il y a un marché dans votre ville ? Qu'est-ce que vous achetez au marché ?
b Si vous n'allez pas au marché, dites pourquoi.
c Où faites-vous les courses ?

8. Votre film

En groupe. Filmez le marché de votre ville, un petit magasin ou le supermarché avec votre téléphone.

Avant de filmer, préparez le texte que vous allez dire : le nom du marché, du magasin ou du supermarché, les produits qu'on peut acheter, quels jours il est ouvert...

Postez votre vidéo sur le site de la classe.

Culture/Savoir

Les marchés en France
Il y a plus de 8 000 marchés en France (82 à Paris), ouverts de 7 h à 14 h 30.
À Paris, le plus ancien date de 1615 !
C'est le Marché des enfants rouges.

Entraînement

Leçon 13

1. À la mode

Décrivez ce qu'ils portent.

a   *Il porte un jean bleu, une chemise rouge, des tennis rouges.*

2. Les couleurs

Complétez avec la bonne couleur.

bleu + jaune = vert

a   __ + rouge = violet
b   rouge + jaune = __
c   rouge + blanc = __
d   noir + __ = gris

3. Au magasin

Complétez.
- Bonjour madame, je __ ?
- Oui, je __ un pantalon.
- Un pantalon de __ ?
- Noir.
- Comme ça ?
- Oui.
- __ ?
- 38. C'est __ ?
- 70 euros.
- Je le prends.
- Vous payez comment ?
- __ .

4. Aux Champs-Élysées

Complétez avec *ce*, *cette* ou *ces*.
Le client : Bonjour.
La vendeuse : Bonjour monsieur.
Le client : Je voudrais __ veste, __ pantalon, __ chaussures, __ cravate, __ blouson, __ t-shirt et __ robe, pour ma femme.
La vendeuse : C'est tout ?

5. Albert et Célestine

Écoutez et dessinez.
Lundi, Albert a une veste noire trop grande, un pantalon rouge un peu petit et des chaussures bleues.

6. La robe noire

Mettez le dialogue dans l'ordre.
a   Non, pour sortir le soir.
b   89 euros.
c   Bonjour madame.
d   Ce style de robe ?
e   Pour travailler ?
f   Bonjour.
g   Oui, c'est combien ?
h   Je cherche une robe noire.
i   Vous payez comment ?
j   Je la prends.
k   Par carte.

Dialogue

───────── ▪ **Leçon 14**─────────────────────────────────

7. L'intrus

Retrouvez l'intrus.

une cocotte – un moule – une poêle – ~~un oignon~~
– un four

a une tomate – un poireau – une courgette –
une fraise – une salade
b une cerise – une orange – une pomme de
terre – une banane – une fraise
c éplucher – ajouter – faire cuire – verser –
acheter

8. La ratatouille

Conjuguez les verbes à l'impératif et mettez les
actions dans l'ordre.

1. c. Épluchez les oignons, coupez les cour-
gettes, les tomates et l'ail.

a Faire cuire les oignons.
b Continuer la cuisson pendant 45 min.
c Éplucher les oignons, couper les courgettes,
les tomates et l'ail.
d Saler et poivrer.
e Verser l'huile dans la poêle.
f Ajouter l'ail, les courgettes et les tomates.

9. Combien ?

Associez (plusieurs réponses sont possibles).

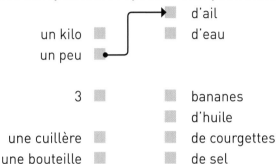

un kilo ▪   ▪ d'ail
un peu ▪   ▪ d'eau

3 ▪   ▪ bananes
               ▪ d'huile
une cuillère ▪   ▪ de courgettes
une bouteille ▪   ▪ de sel

10. Ingrédients

Complétez avec *le, la, les* ou *l'*.
les herbes de Provence.

a ___ sel
b ___ tomate
c ___ ail
d ___ courgettes
e ___ oignon
f ___ lait
g ___ pomme
h ___ banane

───────── ▪ **Leçon 15**─────────────────────────────────

11. La liste des courses

Complétez avec *du, de la, de l', des ; 500*
grammes de (d'), 3, une bouteille (x2) de (d'),
une, un morceau de (d').

des tomates ; 500 grammes de tomates

a ___ oignons ; ___ oignons
b ___ eau ; ___ eau
c ___ huile ; ___ huile
d ___ potiron ; ___ potiron
e ___ salade ; ___ salade

12. Histoires d'amour

Écoutez et répétez.

13. Les magasins.

Répondez. Que pouvez vous acheter dans
ces magasins ?

1 : une robe

Action !

Nous organisons une fête pour la classe.

Pour cela, nous allons :

▷ **Avant la fête :**

décider d'une occasion (un anniversaire, la fin du cours).

décider du jour, de l'heure.

faire le sondage dans la classe.

	À 13 h	À 18 h	À 20 h
lundi			
mardi			
mercredi			
jeudi			
vendredi			
samedi			
dimanche			

choisir le menu.

	Liste des ingrédients	Liste des magasins
Entrée		
Plat		
Dessert		

choisir les vêtements que nous allons porter.

▷ **Pendant la fête :**

faire un film : nous présentons le repas, nous disons le nom des plats, les ingrédients, nous nous présentons pour « signer » le film.

▷ **Après le repas :**

publier le film sur le site de la classe.

Votre avis			
	+	++	+++
Le repas	❑	❑	❑
La réalisation du film	❑	❑	❑

Préparation au DELF A1

Vous avez un message sur le répondeur de votre téléphone. Écoutez le message, répondez aux questions et notez les informations demandées.

Demain matin, Antoine propose...
- d'aller au théâtre.
- de visiter un musée.
- de voir un film au cinéma.

Qu'est-ce qu'Antoine propose de faire à midi ?

....

Qu'est-ce qu'Antoine veut manger ?

a ☐   b ☐   c ☐

4. Antoine veut aller au cinéma à quelle heure ?
- a   12 h 00
- b   13 h 00
- c   14 h 00

5. Qu'est-ce que veut faire Antoine après le cinéma ?

....

....

....

II. Compréhension des écrits

Vous êtes chez une amie francophone. Vous trouvez son message. Lisez son message et répondez aux questions.

Ce soir, on mange du veau à la provençale. J'aime ce plat, la recette est facile et c'est très bon ! J'ai tous les ingrédients mais je dois acheter 700 g de veau. On peut faire des pommes au four en dessert. Est-ce que tu peux passer à la boulangerie et acheter du pain, s'il te plaît ? Merci, à plus tard !

Bises,
Lisa

1. Lisa veut préparer quel plat ?

....

2. Lisa doit acheter...
- a   de la viande.
- b   des pommes.
- c   tous les ingrédients du dîner.

3. Qu'est-ce que Lisa veut faire en dessert ?

....

4. Vous devez aller où ?

a   b

c

Préparation au DELF A1

▷ Écrire un message court

Vous recevez ce message d'un ami francophone. Lisez-le.

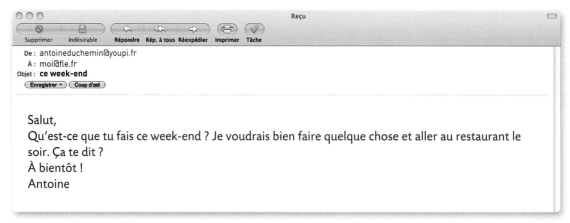

De : antoineduchemin@youpi.fr
À : moi@fle.fr
Objet : ce week-end

Salut,
Qu'est-ce que tu fais ce week-end ? Je voudrais bien faire quelque chose et aller au restaurant le soir. Ça te dit ?
À bientôt !
Antoine

Vous répondez au message d'Antoine (50 mots environ).

- Vous proposez deux activités de loisirs et vous précisez à quel moment de la journée.
- Vous dites ce que vous avez envie de manger et vous indiquez un restaurant pour le soir.
- Vous donnez un jour et une heure de rendez-vous.

....

....

....

....

....

IV. Production orale

1. À deux : vous êtes au marché. Vous demandez au vendeur quelques aliments et ingrédients nécessaires pour réaliser votre recette préférée.

2. À deux : vous êtes au restaurant et vous passez votre commande au serveur.

3. Vous êtes dans un magasin de vêtements. Vous voulez acheter une robe pour une amie. Vous indiquez à la vendeuse le vêtement que vous recherchez (couleur, taille, style). Vous choisissez, vous demandez le prix et vous payez.

4. Vous décrivez votre ville et vous dites les activités que vous aimez faire.

Menu

Entrées
• Salade italienne
• Escargots

Plats principaux
• Steak frites
• Poulet basquaise
• Saumon grillé

Desserts
• Tarte aux pommes
• Mousse au chocolat
• Salade de fruits

j'aime bien

la **musique**

le **cinéma**

une **comédie**

C'est pas mal

belle

brun

les pieds

joyeux

se rencontrer

Rencontres

Nous faisons le Top 5 des films de la classe.

▷ **Hugo a rendez-vous avec Juliette.**

Pour cela, nous allons savoir comment :

faire un commentaire positif/négatif

nous informer sur les goûts de quelqu'un

parler de nos goûts

situer une action dans le futur

décrire quelqu'un

situer dans le temps

Faits et gestes/Culture :

▷ Les mimiques

▷ Les distances entre les personnes

▷ Se faire la bise

▷ *Intouchables*, film d'E. Toledano et O. Nakache

Leçon 17 | # Et une comédie ?

1 Le rendez-vous  7

1 Regardez la vidéo sans le son. Mettez les photos dans l'ordre.

a

b

c

2 Associez une attitude à chaque photo.

- a Très amis.
- b Pas très amis.
- c Amis.

3 Dites de quoi ils parlent.

2 La soirée  7

1 Regardez la vidéo avec le son. Dites si c'est vrai ou faux.

- a Juliette aime bien la musique de Hugo.
- b Ils vont au cinéma et après ils vont dans un bar.
- c Juliette préfère les films d'action.

2 Répondez.

- a À votre avis, pourquoi Juliette se lève tôt ?
- b Pourquoi Hugo donne sa veste à Juliette ?

3 Le programme  7

Regardez la vidéo avec le son. Notez le programme de leur soirée.

4 Les goûts  7

1 Regardez la vidéo avec le son. Retrouvez la question de Hugo.

Hugo : ___
Juliette : Si, mais je préfère les films français.

2 Lisez la transcription (p. 125).

- a Vérifiez votre réponse.
- b Relevez une question de Hugo restée sans réponse de Juliette.

Pour...

→ **Faire un commentaire positif/négatif** ▷ Activité 1 p. 76
C'est pas mal. = C'est bien.
C'est sympa.
C'est (un peu) ennuyeux.

→ **S'informer sur les goûts de quelqu'un** ▷ Activité 1 p. 76
Tu n'aimes pas les films d'action ?

Pour...

→ **Parler de nos goûts** ▷ Activité 1 p. 76
Je préfère les vieux films.
J'aime bien.
Si, *mais* je préfère les films français.

→ **Situer une action dans le futur** ▷ Activité 5 p. 76
Après, on va voir *Intouchables*.

Grammaire → p. 102

La réponse à une question négative

Pour répondre à une question négative, il faut dire
« **si** » à la place de « oui ».
– Tu **n'**aimes **pas** les films d'action ?
– **Si**, (mais je préfère les films français).

▷ Activité 1 p. 76

Grammaire → p. 104

Le futur proche

On utilise le futur proche pour parler d'une action
dans le futur.
Verbe **aller** conjugué au présent + **infinitif**
On **va voir** Intouchables.

▷ Activité 4 p. 76

5 Au *Lieu unique*

Dites ce que Juliette et Hugo vont faire au
café. Mettez les verbes au futur proche.

Commander (ils) → Ils vont commander un plat.

a Parler des études. (Elle)
b Décrire ses prochaines vacances. (elle)
c Faire connaissance. (ils)

Grammaire 🎧52 → p. 103

Les verbes pronominaux

Les verbes pronominaux ont deux pronoms.

Se lever au présent

Je	me	lève	
Tu	te	lèves	
Il/Elle/On	se	lève	[lɛv]
Ils/Elles	se	lèvent	
Nous	nous	levons	[ləvɔ̃]
Vous	vous	levez	[ləve]

je **m'** + verbe commençant par une voyelle :
je **m'**appelle, tu **t'**appelles, il/elle **s'**appelle

▷ Activité 3 p. 76

Les mots...

Du cinéma ▷ Activité 2 p. 76

voir un film
le nouveau (*James Bond*)
aller voir + le nom du film
les films d'action, français
une comédie, un drame
les nouveaux, les vieux films
la séance (de 22 h)

6 Faire connaissance

Mettez les mots dans le bon ordre.

*appelles tu comment t' → Tu t'appelles
comment ?*

a tard vous couchez vous ?
b en noir t' tu habilles ?
c en vous classe parlez vous ?
d à nous promenons Paris nous
e beaucoup aimons nous nous

Phonétique 🎧53 → p. 94

Le son /ə/

Souvent, on ne prononce pas le /ə/ (« e »).
Demain, je m̶e̶ lève tôt.

▷ Activité 5 p. 76

7 Je préfère les films 🎧54 français !

Écoutez et notez le nombre de syllabes.

*J̶e̶ préfère les films français. → 6 syllabes
Je préfère les films français. → 7 syllabes*

Communication

8 Dis-moi tes goûts

1 La classe crée un questionnaire
de 5 questions sur les goûts et
les activités quotidiennes.

2 Chaque étudiant répond aux
questions sur une feuille,
sans noter son nom.

3 On recueille toutes les
réponses.

4 On lit les réponses à voix haute
et la classe devine de qui il
s'agit et explique pourquoi.

Des loisirs ▷ Activité 5 p. 76

aller au cinéma
se promener
boire un verre

Des activités quotidiennes
▷ Activité 3 p. 76

se lever ≠ se coucher

Leçon 18 | Personnalités

Présentez vos personnalités préférées

Baptiste G., 75 ans, retraité
Ma personnalité préférée est Simone Veil. C'est une femme politique française. Elle est âgée : elle a 86 ans. Elle a les cheveux gris et elle est petite mais c'est une femme courageuse, modeste et intelligente.

Hippolyte B., 25 ans, étudiant
Omar Sy ! C'est un jeune acteur. Il a 35 ans. Il est très grand (1 mètre 90) et mince. C'est un homme joyeux, agréable et sérieux. Il aime sa femme et ses 4 enfants.

Marie W., 34 ans, professeure
Marion Cotillard et Jean Dujardin. Leurs films ont beaucoup de succès ! Ils sont jeunes ! Ils sont élégants ! Marion est une bonne actrice. Elle est grande et brune. Elle a les yeux bleus. C'est une belle femme. Jean Dujardin est un bon acteur. Il est grand, mince et sympathique. Il est brun. C'est un bel homme.

1 C'est qui ?

1 Lisez le document. Trouvez le nom des 4 personnalités.

a   b   c   d

2 Pour chaque personnalité, relevez la profession et la description physique.

Omar Sy.
Profession : acteur.
Description physique : très grand.

2 Caractère

Lisez le document. Notez le caractère et les qualités de chaque personnalité.

Omar Sy. Caractère et qualités : joyeux ; il aime sa femme et ses quatre enfants.

3 Qualification

1 Observez les phrases. Choisissez la bonne réponse.

C'est un homme joyeux ; c'est une femme courageuse ; elle est grande ; il est grand ; il porte un pull bleu ; elle a les yeux bleus.
a L'adjectif se place *avant / après* le nom.
b L'adjectif est *différent / identique* au masculin et au féminin.
c L'adjectif est *différent / identique* au singulier et au pluriel.

2 Associez.

a C'est un/une   ▨   ▨   1 + adjectif.
b Il/Elle est   ▨   ▨   2 + nom + adjectif.

Pour...

→ Décrire quelqu'un ▷ Activité 6 p. 76
Il/Elle est + adjectif/profession :
Il est grand ; *elle est* élégante ; *elle est* actrice.

C'est un/une + nom/profession + adjectif :
C'est une femme élégante ; *c'est une* actrice élégante.
Il/Elle a + les cheveux/yeux + couleur
Il/Elle a + âge : *Il a* 35 ans

Les mots...

De la description physique ▷ Activité 6 p. 76
être : jeune ≠ âgé(e)
petit(e) ≠ grand(e) ; mince ≠ rond(e)
beau (belle) / élégant(e) ≠ laid(e)
brun(e) ≠ blond(e)
avoir les cheveux :
bruns ≠ blonds ≠ châtains ≠ gris ≠ blancs

Du corps
la tête,
les cheveux,
la main, le bras
la jambe,
le pied, les fess
le ventre, la
poitrine, les ye

4. Le corps

**Montrez sur la photo :
la main, le bras, la jambe,
le pied, les fesses, la tête,
les cheveux, le ventre,
la poitrine, les yeux.**

Grammaire → p. 100

Place et accord de l'adjectif

• **L'adjectif** qualifie le nom ; il se place après le nom.
C'est un homme **élégant**.

❶ Jeune, bon et beau se placent avant le nom.
❶ Un **bel** homme

• Au féminin, on ajoute un « **e** » à l'adjectif.
Il est grand. → Elle est grand**e**.
On ne prononce pas le « **e** » mais on prononce
la **consonne**.

❶ Quand l'adjectif masculin finit par un « e »,
l'adjectif féminin ne change pas.
Il est jeun**e**. → Elle est jeun**e**.
❶ bon → bonne ; beau → belle ; courageux →
courageuse

• Au pluriel, on ajoute « **s** » à l'adjectif.
Ils sont élégant**s**. → Elles sont élégante**s**.
On ne prononce pas le « **s** ».

▶ Activité 6 p. 76

5. Sophie Marceau

**Complétez avec _c'est_ ou _elle est_ et
choisissez la place de l'adjectif.**

C'est Sophie Marceau. ___ une _française_ actrice
française. ___ grande et brune. ___ une _sympa-
thique_ femme _sympathique_. ___ jeune (47 ans).
___ une _belle_ femme _belle_.

Grammaire → p. 100

Les adjectifs possessifs au pluriel

Féminin = masculin
• **mes, tes, ses**
mes personnalités préférées, **tes** amis,
ses enfants
• **nos, vos, leurs**
nos amis, **vos** personnalités préférées,
leurs films
• Rappel :
au singulier : mon, ton, son, ma, ta, sa, notre,
votre, leur (cf. leçon 7 p. 33).
Ma personnalité préférée, leur film.

▶ Activité 7 p. 77

Phonétique 55 → p. 94

Le « e » final

On ne prononce pas le « e » final.
Élégant~~e~~ [ElEgãt]
Minc~~e~~ [mɛ̃s]
Jeun~~e~~ [ʒœn]

▶ Activité 8 p. 24

6. Claude 55

**Claude est un homme ou une femme ?
Écoutez et répondez.**

Claude est élégant. → _Claude est un homme._

Culture/Savoir
Marion Cotillard gagne un Oscar en 2008 (_La Môme_).
Jean Dujardin gagne un Oscar en 2012 (_The Artist_).

Communication

7. Le top 3

1 **En groupe. Faites la liste de vos 3
personnalités préférées. Trouvez des
photos et écrivez une description pour
une personnalité (physique, caractère
et qualités).**

2 **Chaque groupe présente sa personnalité à la classe.**

... u caractère

... tre : sympathique (sympa),
... modeste, agréable ≠ désagréable,
... oyeux (joyeuse), heureux (heureuse) ≠ triste,
... courageux (courageuse),
... érieux (sérieuse), intelligent(e) ≠ bête, stupide

Leçon 19 | # Le livre du jour

http://www.radiohexagone.fr/le-livre-du-jour/

radio Hexagone

▶ Écouter Radio Hexagone en direct

Rechercher (mot clé, nom, etc.)

Actu | **Culture & médias** | Sports | Vie pratique | Vidéos | l'Antenne

Livres • Cinéma • Musique • Arts • Photos

Un été à Cabourg

Éditions du FLE

Le livre du jour

par Martine Brel

Tous les jours à 10h45, 12h45, 15h45 et 18h45

à (ré)écouter

▶**La sélection de l'année !**
▶**Le Salon du livre de Nantes**

Culture/Savoir |
L'hexagone = la France

1 Roman

Observez le document. Répondez aux questions.

- a C'est le site Internet de quelle radio ?
- b Quel est le nom de la chronique ?
- c Quel est le titre du « livre du jour » ?

2 Un été à Cabourg

Écoutez la chronique. Choisissez la bonne réponse.

Un été à Cabourg est :
- a un roman historique.
- b un roman policier.
- c un roman d'amour.

3 Emma et Rodolphe

Associez :

médecin ■　■　　　　　Emma　　■　　■ habitent à Caen

　　　　　■　　　　　Rodolphe　　■　　■ habite à Cabourg

professeur de français ■　■　Emma et Rodolphe　■　　■ habite à Paris

---

Pour...

→ **Situer dans le temps** ▷ Activité 11 p. 77

En + année : *en* 1980
En + mois + année : *en* août (19)95
X ans **après** : 5 ans *après*
À la fin de + adjectif possessif + nom : *à la fin* de ses études
D'abord..., **puis**..., **enfin**... : Il est *d'abord* parti en Afrique,
puis en Asie. *Enfin*, il est rentré en France.

Les mots...

De la relation amoureuse

une histoire d'amour
se rencontrer
s'aimer
se marier
se quitter
se retrouver

4 Quand ?

Écoutez et trouvez le moment.

Actions (Quoi ?)	Moments (Quand ?)
Ils se sont rencontrés.	*en 1990*

a Ils ont fait leurs études.
b Emma est devenue professeure de français.
c Emma est retournée à Paris.
d Emma s'est mariée, elle a eu une fille.
e Emma a loué une maison à Cabourg.

5 Présent ou passé ?

Écoutez avec la transcription (p. 125). Dites si c'est vrai ou faux.

a Pour raconter la rencontre, on utilise le présent.
b Le passé composé se forme avec les verbes *avoir* ou *être* au présent + le participe passé du verbe.

Grammaire 🎧57 → **p. 105**

Le passé composé (1)

• avoir au présent + participe passé
Louer au passé composé

j'ai loué	nous avons loué
tu as loué	vous avez loué
il/elle/on a loué	ils/elles ont loué

• être au présent + participe passé pour les verbes pronominaux et venir, devenir, aller, rentrer, rester, arriver, partir, entrer, sortir, monter, descendre, passer, tomber, naître, mourir

• **Le participe passé :**
verbes en « er » → « é » : quitter → quitté
• autres verbes → « i », « is », « u »
choisir → choisi ; prendre → pris,
devenir → devenu
❶ être → été avoir → eu [y]   faire → fait

▷ Activités 9, 10, 11 et 12 p. 77

---

6 Chronologie

Écoutez et remplacez *1, 2, 3* par *enfin*, *d'abord* ou *puis*.

Rodolphe a quitté la France. Il est allé **1** en Afrique, **2** en Asie. **3**, il est rentré à Cabourg.

Phonétique 🎧59 → **p. 94**

Le son [y]

Elle est ven**ue**.
Il a **eu**.

▷ Activités 12 p. 77

---

7 [y]

Écoutez et dites si vous entendez le son [y].

	J'entends /y/	Je n'entends pas /y/
Je suis venue.	X	

8 Marc et Isabelle

Complétez avec *avoir* ou *être* à la forme correcte.

Marc et Isabelle se *sont* rencontrés à Marseille en 2001. Ils ___ fait leurs études de chimie ensemble. À la fin de ses études, Isabelle ___ partie travailler à Nice et Marc ___ trouvé un travail à Nantes. Ils se ___ quittés. En 2013, Marc ___ revenu à Marseille mais Isabelle ___ restée à Nice.

Communication

9 Fanny et Baptiste

1 En groupe. À la manière de *Un été à Cabourg*, écrivez l'histoire d'amour de Baptiste et Fanny. Choisissez 4 ou 5 verbes.
Utilisez : *en* + année, *en* + mois + année, *X ans après*, *à la fin de*.

2 À la façon de Martine Brel pour « Le livre du jour », lisez votre histoire. Les autres étudiants imaginent la couverture.

Leçon 20 | Faire la bise

1. Distances  7

1 Regardez la vidéo sans le son. À quelle distance sont-ils ? Choisissez.

a Intime.　　**b** Personnelle.　　**c** Sociale.

2 Répondez.

a Comment trouvez-vous Hugo ? Et Juliette ?

b Que pensez-vous de ce premier rendez-vous ?

2. Mimiques

 totem 7

1 Regardez la vidéo sans le son. Observez les mimiques. Faites parler Juliette et Hugo.

2 Regardez la vidéo avec le son. Comparez avec vos propositions.

3. Vous et les distances

Répondez aux questions : à quelle distance se tient-on de ses amis ? des inconnus ? Quand est-ce qu'on se fait la bise ?

Les distances sociales

La relation intime : entre 15 cm et 50 cm

La distance personnelle : entre 50 cm et 1 m

La distance sociale : > à 1 m

Culture/Savoir | À la française

Se faire la bise.

À qui : la famille, les amis.

Quand : pour se dire bonjour et au revoir.

Comment : on commence par la joue droite.

Combien de bises : de 2 à 4.

Culture

Intouchables

Fiche technique

Genre : __

Date de sortie : 2 novembre 2011

Réalisé par : __

Avec : __

Durée : 1 h 52

Synopsis

Philippe est riche et handicapé. Driss n'a pas de travail et habite en banlieue parisienne. Philippe engage Driss pour s'occuper de lui.
Ils vont faire connaissance et cette rencontre va changer leur vie. Driss va apporter la joie et les rires dans la vie de Philippe. Une grande amitié va naître... Ils vont devenir intouchables.

Les genres de films
- comédie
- comédie musicale
- comédie romantique
- science-fiction
- drame

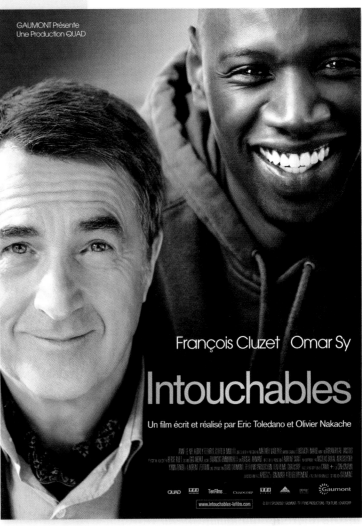

François Cluzet   Omar Sy

Intouchables

Un film écrit et réalisé par Eric Toledano et Olivier Nakache

www.intouchables-lefilm.com

L'affiche

Regardez l'affiche du film. Répondez aux questions.

a   Connaissez-vous ce film ?

b   Décrivez l'affiche.

c   Complétez la fiche technique.

Un très grand succès !

Un Français sur trois a vu le film. Calculez le nombre d'entrées au box-office.

Portraits

Regardez l'affiche.

a   Associez des caractéristiques aux deux personnages : beau – élégant – sympa – triste – joyeux – jeune – âgé.

b   Décrivez les personnages physiquement.

Des amis

À deux. Lisez le synopsis dans la fiche technique. Par quels mots est-ce qu'on peut remplacer « intouchables » ? Vous pouvez utiliser le dictionnaire.

À vous !

Répondez aux questions.

a   Quel genre de film aimez-vous ?

b   Est-ce qu'il y a beaucoup de cinémas dans votre ville ? Allez-vous souvent au cinéma ?

c   Quel est le dernier film que vous avez vu ? Racontez l'histoire.

Entraînement

———— | Leçon 17 ————

1. Premier rendez-vous

Associez les questions et les réponses.
Tu n'aimes pas la pop musique ? – La pop ? Si.

Romain :
a Tu vas beaucoup au cinéma ?
b Tu n'aimes pas les comédies ?
c Tu écoutes de la musique ?
d Tu regardes des films d'action ?

Céline :
1 Oui, et des comédies aussi.
2 Oui beaucoup, j'aime bien.
3 Si, mais je préfère les films d'action.
4 Oui, j'écoute des chansons françaises.

2. Le cinéma

a Notez des mots ou expressions en relation avec le cinéma.
b Faites une phrase avec chaque mot.

Une comédie → J'aime les comédies.

3. Une famille française

Mettez les verbes au présent.
Les Bailly (se lever) *se lèvent* tôt.
Frédéric, le père, (se lever) le premier pour préparer le petit déjeuner. Après, la famille (se retrouver) dans la cuisine pour prendre le petit déjeuner. « Nous (se parler) beaucoup dans la famille », dit Tom. La fille qui (s'appeler) Adèle dit : « Je (se lever) tôt mais je (se coucher) tard ! » Le week-end, les enfants (se promener) ou ils sortent avec des amis.

4. Les projets de Juliette

Mettez les verbes au futur proche.
Demain, je (aller) *vais aller* au cinéma avec Hugo. Après, on (boire) un verre. On (écouter) de la musique. Il (parler) de cinéma. Sa sœur (venir) avec nous. Ses parents (préparer) le dîner. Samedi, nous (voir) mes parents.

5. Je me lève

Écoutez et choisissez ce que vous entendez.

Je me lève.	*J̶e̶ me lève.*
a On se promène.	On s̶e̶ promène.
b Je préfère les films français.	J̶e̶ préfère les films français.
c Je me lève.	Je m̶e̶ lève.
d Je vais au cinéma.	J̶e̶ vais au cinéma.
e Tu te lèves.	Tu t̶e̶ lèves.
f Tu te promènes.	Tu t̶e̶ promènes.
g Je bois un verre.	J̶e̶ bois un verre.

———— | Leçon 18 ————

6. Louis, Lisa et Nina, Adèle

Décrivez Louis, Lisa et Nina, Adèle.
Louis est petit et… ; c'est un homme…

a Louis   b Lisa et Nina   c Adèle

Dialogue

7. C'est à qui ?

Complétez avec des possessifs comme dans l'exemple.

Des photos (à moi) → *mes photos*

a   Les personnalités préférées (à vous)
b   Les enfants (à toi)
c   Les enfants (à elles/à eux)
d   Les enfants (à elle/à lui)
e   Un mariage (à nous)
f   La profession (à elle/à lui)
g   Une adresse (à elles/à eux)

8. Descriptions

1 Lisez les phrases à voix haute.
a   Louise est grande et mince.
b   Louis est grand et mince.
c   Martine est petite et forte.
d   Martin est petit et fort.
e   Clémence est blonde et élégante.
f   Clément est blond et élégant.

2 Écoutez pour vérifier votre prononciation. Répétez.

──────── ı **Leçon 19** ────────────────────────────

9. Du passé !

Associez les infinitifs et les participes passés. Précisez si on les utilise avec *être* ou *avoir*.

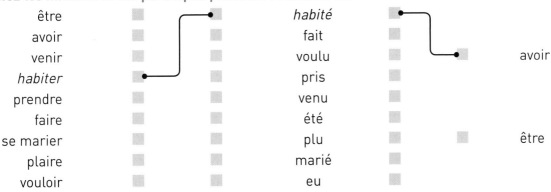

être			habité		
avoir			fait		
venir			voulu		avoir
habiter			pris		
prendre			venu		
faire			été		
se marier			plu		être
plaire			marié		
vouloir			eu		

10. Omar Sy

Conjuguez les verbes au passé composé.

Omar Sy (naître) *est né* le 20 janvier 1978 en France. Il (rencontrer) Hélène en 1998. Ils (avoir) 4 enfants. D'abord, il (être) humoriste, puis il (faire) des films. En 2011, il (jouer) dans le film *Intouchables*. Un an après, en 2012, il (devenir) la personnalité préférée des Français.

11. Autobiographie

À vous ! Racontez l'histoire de votre vie. Utilisez les verbes *naître, étudier, rencontrer, habiter, avoir, faire*. Utilisez des expressions pour situer dans le temps. *Je suis né(e) le... En...*

12. Drôle de vie !

Écoutez. Dites si le participe passé finit par [e], [i] ou [y]. *Ils se sont mariés en 2012.* → *Le participe passé finit par [e].*

Action !

Nous faisons le Top 5 des films de la classe.

Pour cela, nous allons :

▷ à deux, faire une liste de 5 films que nous aimons.

▷ dire notre choix à la classe.

▷ caractériser chaque film choisi par la classe.

▷ sélectionner 5 films parmi les films choisis par la classe.

▷ faire les fiches techniques des films choisis.

▷ écrire les synopsis.

Top 5 des films de la classe		
Titre	Genre	Synopsis
1		
2		
3		
4		
5		

▷ aller sur Internet pour comparer le Top 5 de la classe au box-office mondial.

▷ poster le Top 5 sur le site de la classe.

Votre avis

	+	++	+++
Réaliser un Top 5	___	___	___

la **fac**

un **semestre**

réussir

les **études**

un **souvenir**

les **vacances**

se **baigner**

Études

> **Nous faisons le bilan du cours de français.**

Pour cela, nous allons savoir comment :

- raconter un événement
- situer une action dans le passé
- exprimer la durée, la surprise
- parler de ses études
- raconter des souvenirs
- indiquer la chronologie
- indiquer la fréquence
- donner des conseils, des instructions
- exprimer des besoins

▶ **Les Bonomi apprennent une mauvaise nouvelle...**

Faits et gestes/Culture :
- ▷ **Désaccords**
- ▷ **La Sorbonne**

Leçon 21 | Le lycée, c'est fini !

1. En famille 8

1 Regardez la vidéo sans le son. Répondez.

a À votre avis, quel document M. Bonomi a-t-il reçu ?

b Quel peut être le problème ?

c De quel côté est Lucie, la grand-mère de Juliette ? Justifiez votre réponse.

d Qu'est-ce que Lucie dit à Juliette ?

2 Regardez la vidéo avec le son. Vérifiez vos hypothèses.

2. Problème 8

Regardez la vidéo avec le son. Dites si c'est vrai ou faux.

a Il y a un problème avec les notes de Juliette.

b Elle pourra partir en vacances.

c Elle va repasser ses examens en septembre.

d M. Bonomi a obtenu son diplôme avant Mme Bonomi.

3. ☺ ou ☹ ?

Regardez le relevé de notes de Juliette. Elle a réussi quelles matières ?

UNIVERSITE DE NANTES

RELEVE DE NOTES
Année 2014-2015 - LICENCE 3

S2 UFR Lettres et langage Lettres Modernes

N° Etudiant : 34679734
N° ordre : 5526-3

BONOMI Juliette

20 rue Talensac

44000 NANTES

Détail des unités d'enseignements :   Epreuves   Résultats

	Epreuves	Résultats
H12CEN-HISTOIRE LITTERAIRE		
Littérature du XVIIIème Siècle : 10.00 - expression écrite : 9.00	9.37/20 (1)	Non Admis/e
Littérature du XXéme Siècle : 7.50 - expression écrite : 11.00		
H13CEN-HISTOIRE de la GRAMMAIRE	EO: ABSENT/E	
Grammaire : 11.00	11.50/20 (1)	Admis/e
Epression écrite :10.50 - 13.00		
L11CAN- LEXICOLOGIE		
Typologie : 9.00 - 7.00	9.00/20 (1)	Non Admis/e
Expression écrite :11.00		
FG10CAN-FONDAMENTAUX	EO: ABSENT/E	
Linguistique générale : 10.50	11.75/20 (1)	Admis/e
Langue vivante : 13.00		

Moyenne : 9,31/20.00
Semestre 2 : Non validé

Nantes, le 30/06/2014
Le chef de la scolarité

Philippe Senôtre

Tu as raté ton semestre !

J'ai réussi deux matières !

Pour...

→ **Raconter un événement** ▷ Activité 3 p. 88
Je n'*ai* pas *eu* la moyenne.

→ **Situer une action dans le passé** ▷ Activité 5 p. 88
Hier, je suis allée au secrétariat.
Tu as raté tes examens, *il y a longtemps*.

Pour...

→ **Exprimer la durée** ▷ Activité 6 p. 88
Pendant les vacances / trois mois.

→ **Exprimer la surprise**
C'est pas vrai !

→ **Parler de ses études**
Je suis *en* Licence de Lettres.

4. Présent - Passé

Regardez la vidéo avec le son. Dites si les événements sont dans le passé ou dans le présent.

a « Elle a des mauvaises notes. »

b « Tu as raté ton semestre ! »

c « Je suis au téléphone. »

d « Je ne me suis pas promenée. »

e « J'ai réussi deux matières ! »

Grammaire 🎧63 → p. 105

Le passé composé (2)

Le passé composé est utilisé pour raconter un événement (une action) passé, terminé et limité dans le temps.
J'ai réussi deux matières.

Avec les verbes pronominaux, on utilise l'auxiliaire **être**. Avec l'auxiliaire **être**, le participe passé s'accorde avec le sujet.
Je ne me **suis** pas promené**e**.
Vous vous **êtes** promené**s** ?

▷ Activité 2, 3 et 4 p. 88

Se promener au passé composé

je	me	suis	promené(e)
tu	t'	es	promené(e)
il/elle/on	s'	est	promené(e)(s)
nous	nous	sommes	promené(e)s
vous	vous	êtes	promené(e)(s)
ils/elles	se	sont	promené(e)(s)

La négation au passé composé

Ne et **pas** se placent autour de l'auxiliaire.
Tu as travaillé. → Tu **n'**as **pas** travaillé.
Je me suis promené. → Je **ne** me suis **pas** promené.

▷ Activité 5 p. 88

5. Juliette raconte

Mettez les verbes au passé composé.

Hier, Amélie et ses amis (se retrouver) *se sont retrouvés* à 13 h. Ils (déjeuner) dans un petit restaurant, ils (manger), ils (parler) beaucoup. Amélie (raconter) sa semaine à la fac, Éric (parler) de ses vacances. Après, ils (aller) dans le centre-ville. Ils (se promener) et (visiter) un musée.

Phonétique 🎧64 → p. 94

Le son [ã]
mam**an**

Le son [Ẽ] : [ɛ̃] , [œ̃]
h**ein** ?

6. [ã] ou [Ẽ] ? 🎧64

1 Vous entendez [ã] ou [Ẽ] ?

	[ã] (maman)	[Ẽ] (hein ?)
Comment ?	X	

2 Répétez.

Communication

7. Qui suis-je ?

1 En groupes. Lisez l'exemple, puis imaginez 3 énigmes sur des célébrités internationales. Utilisez le passé composé.

« Je suis né en Afrique du sud. Je suis resté en prison pendant 27 ans. J'ai été président de la République de mon pays... »
Qui suis-je ? → *Nelson Mandela*

2 À deux. Racontez vos études. Précisez :

a le type d'études.
b la durée.
c les matières étudiées.

.es mots...

es études ▷ Activité 1 p. 88

n relevé de notes	un Master
n semestre	réviser un examen
ne matière	(re)passer (un examen)
n cours	rater ≠ réussir
e lycée	travailler
a fac (la faculté)	suivre (un cours)
tre à l'université	avoir la moyenne
ne Licence	

Leçon 22 **Les vacances**

1. Le Pays Basque

1 Lisez le document 1. Répondez : à qui s'adresse ce site ?

2 Trouvez sur la carte p. 128 le nom des montagnes, d'une ville, de la mer.

3 Associez les activités aux lieux.

le surf → *la mer*

2. Les vacances

Lisez les textes. Choisissez la bonne réponse.

Les textes racontent :
a un projet de vacances.
b un souvenir de vacances.

C'était bien, les vacances à la mer.

Les premiers jours, on avait même du mal à dormir à cause des coups de soleil[1]. La baignade deux fois par jour, c'était bien, et les parties de raquettes avec la petite balle lourde [...]. Ce qui était bien aussi, c'était le rythme différent : on déjeunait et l'on dînait beaucoup plus tard que d'habitude.
La nuit tombée, on allait marcher à la fraîche[2] et, en revenant, on achetait un chichi − une espèce de beignet[3] allongé avec des petits dessins. [...]
On ne s'ennuyait pas...

1. un coup de soleil : la peau rouge, brûlée par le soleil.
2. à la fraîche : le matin, tôt ou le soir, tard.
3. un beignet : un petit gâteau cuit dans l'huile.

Philippe Delerm, *C'est bien*,
Éd. Milan, 1991

Après la baignade du matin, nous déjeunions sur la terrasse de notre modeste location − un garage transformé en gîte.

Philippe Delerm,
Être père, disent-ils, J'ai lu, 2010

Pour...

→ **Raconter un souvenir** ▷ Activité 10 p. 89
On *avait* du mal à dormir.

→ **Indiquer la chronologie**
Après la baignade, nous déjeunions.
Avant le déjeuner, nous nous baignions.

→ **Indiquer la fréquence** ▷ Activité 8 p. 89
Deux fois *par jour / par semaine / par mois / par an*.

Les mots...

Des moyens de transport
le train (le TGV), le bateau, la voiture, l'avion, le vélo

Des types d'hébergement
la location (le gîte), l'hôtel, le camping

Des lieux
la mer, la campagne, la montagne, la ville

Des activités
la baignade,
se baigner
la promenade,
se promener
la marche,
marcher
la visite, visiter

Activités !

1 Lisez les deux textes. Relevez les lieux, l'hébergement et les activités.

2 Associez chaque verbe à un nom.

se baigner	▦	▦	la visite
jouer aux raquettes	▦	▦	la marche
marcher	▦	▦	le jeu
visiter	▦	▦	la baignade

Un nouveau temps !

1 Lisez les textes. Choisissez la bonne réponse.

Pour raconter un souvenir, on utilise :

a   l'imparfait.   b   le passé composé.

2 Comment se forme l'imparfait ?

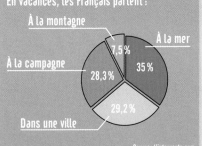
Souvenirs

Conjuguez les verbes à l'imparfait.

Quand je (être) j'étais petit, je (aimer) les vacances ! Avec ma famille, l'été, nous (partir) à la mer. Nous (aller) dans le Sud en voiture. Nous (habiter) à l'hôtel. Nos parents (se baigner) avec nous. Après le dîner, on (se promener). C'(être) bien!

[Ẽ], [ã] ou [ɔ̃] 🎧 66

1 Lisez les mots. Dites si on prononce [Ẽ], [ã] ou [ɔ̃].

Les vacances

a	l'avion	e	le matin
b	le train	f	cent
c	les Landes	g	la campagne
d	une location	h	la montagne

2 Écoutez les mots pour vérifier.

Communication

Vos vacances !

1 À deux. Parlez de vos vacances habituelles : vous partez où ? Quand ?

2 En groupe. Construisez le « camembert » (comme dans Culture/Savoir) de la classe.

Souvenir

1 Écrivez un souvenir de vacances. Dites quand, où, avec qui et précisez vos activités.

2 Regroupez vos souvenirs dans un document.

Leçon 23 | ERASMUS

1 Année universitaire

Observez le document et dites si c'est vrai ou faux.

a C'est un document de l'université Paris-Sorbonne.
b C'est un formulaire d'inscription.
c C'est pour une inscription en Master 1.
d C'est pour les étudiants français.
e On peut contacter l'université par mail ou par courrier.
f On peut répondre jusqu'en mai 2014.

2 Questions 🎧67

Écoutez le dialogue entre une étudiante et une secrétaire de l'université de Nantes.
1 Choisissez la bonne réponse.

a L'étudiante est *française/étrangère*.
b La secrétaire explique comment *trouver un formulaire d'inscription*.
La secrétaire précise *comment trouver un hébergement à Nantes*.
La secrétaire donne des instructions pour *remplir le formulaire d'inscription*.

2 Choisissez le temps correct.

L'étudiante *a rempli/remplit/va remplir* son formulaire d'inscription.

3 Retrouvez comment l'étudiante dit ce qu'elle fait.

30/11/201

ANNÉE UNIVERSITAIRE 2013-2014

DEMANDE D'INSCRIPTION À L'UNIVERSITÉ DE NANTES
1ère ANNÉE DE MASTER (Master 1)
(Validation d'études – décret n°85-906 du 23 août 1985)

UNIVERSITÉ DE NANTES
DIRECTION DES RELATIONS INTERNATIONALES

Contact :
Madame Maryvonne
Mail : international.inscription@univ-nantes.fr
Fax : + 33 253 462 161

N° de dossier :

Réservé à l'administration – le numéro de dossier figurera sur l'accusé de réception

Ce dossier est destiné aux étudiants étrangers **ayant validé au moins trois ans d'enseignement supérieur**, qui désirent entamer un cursus universitaire en France pour la **première** fois

Attention : il ne doit pas être complété par les candidats qui résident dans un pays doté d'un Espace CampusFrance à procédure CEF

Date limite de dépôt des candidatures : **1er avril 2014 (cachet de la poste faisant foi)**

NOM : (Femmes mariées : noter :"[nom de famille] ép. [nom d'usage]") **Prénom :** ☐F ☐M
Date de naissance : (âge) ans
Lieu de naissance (Ville, Pays) : Nationalité 1: Nationalité 2 (le cas échéant) :
Adresse électronique :
Adresse permanente (dans votre pays d'origine): CP : Ville : Pays :
Ou adresse en France (le cas échéant): CP : Ville : (:

SITUATION UNIVERSITAIRE

Diplôme de fin d'études secondaires obtenu le :
À (ville et pays) :
Série (scientifique, littéraire, économique) :
mention (passable, assez bien, bien, très bien) :

Si le diplôme de fin d'études secondaires ne donne pas directement accès à l'enseignement supérieur, indiquer :
Date de l'examen ou concours d'entrée à l'université :
Lieu (ville et pays) :

DESCRIPTION DES ÉTUDES SUPÉRIEURES ACCOMPLIES À L'ÉTRANGER
(depuis l'obtention du diplôme de fin d'études secondaires)

Années d'études	Universités ou établissements d'enseignement supérieur fréquentés	Disciplines	Diplômes obtenus (S'il y a lieu)

---

3 Pour s'inscrire 🎧67

1 Écoutez et complétez.

	À faire	À ne pas faire
diplôme	*écrire la date du diplôme*	
envoi du formulaire		
visa		
questions		

2 Vérifiez vos réponses avec la transcription p. 126. Notez les phrases exactes.

Pour...

→ **Donner des conseils, des instructions** ▷ Activité 13 p. 89
Devoir + infinitif : vous *devez* lire les instructions.
Il faut/Il ne faut pas + infinitif : *Il faut/Il ne faut pas* écrire la date.

→ **Exprimer des besoins**
Avoir besoin de + article + nom
*J'ai besoin d'*un visa.

Les mots...

De l'inscription ▷ Activité 11 p. 89
s'inscrire
remplir, compléter un formulaire d'inscripti
lire les instructions
noter la date dans le cadre
envoyer le formulaire par mail, par la poste
la signature, signer

4. Instructions

Complétez.

Pour donner des instructions, des conseils,
on utilise :

il faut → Il faut écrire la date.

Grammaire

Devoir	**et**		**falloir au présent**
je /tu	**dois**		
il/elle/on	**doit**	[dwa]	Il **faut** [fo]
nous	**devons**	[dəvɔ̃]	
vous	**devez**	[dəve]	
ils/elles	**doivent**	[dwav]	

▷ Activité 13 p. 89

Le présent continu → p. 104

être en train de + infinitif
Je suis **en train de** remplir le formulaire.

5. Je l'envoie...

**Écoutez le dialogue avec la transcription
p. 126-127. Répondez.**

a Vous la notez. Que remplace « la » ?
b Je ne les comprends pas. Que remplace
   « les » ?
c Je l'envoie par mail ? Que remplace « l' » ?
d Vous devez les envoyer. Que remplace « les » ?

Les pronoms compléments d'objet direct (COD) → p. 100

Ils se placent avant le verbe.
❶ Juste avant l'infinitif avec il faut/il ne faut pas
et le verbe devoir.
• Féminin : **la** (**l'** + voyelle) Vous **la** notez. Vous
  notez **la** date.
• Masculin : **le** (**l'** + voyelle) Il ne faut pas **l'**envoyer. Il ne faut pas envoyer **le** formulaire.
• Pluriel : **les** (**les** + voyelle) Vous **les** envoyez.
  Vous envoyez **les** formulaires.
  Je ne **les** comprends pas. Je ne comprends pas
  les instructions.

▷ Activité 12 p. 89

6. Vous comprenez ?

Répondez aux questions.

Vous signez <u>le formulaire</u> ? → Oui, je <u>le</u> signe.
a Vous avez le formulaire ?
b Vous comprenez les instructions ?
c Vous notez la date ?
d Vous remplissez le cadre « diplômes » ?

Le son [ã]	**Le son [ɔ̃]**
Na**n**tes :	n**on** :

▷ Activité 1 p. 89

7. [ã] ou [ɔ̃]

**1 Écoutez. Dites si vous entendez [ã]
(Nantes) ou [ɔ̃] (non).**

Un étranger → J'entends [ã].

2 Répétez.

Communication

8. Parler français !

**1 À deux. Donnez 5 conseils pour bien parler
français. Utilisez *il faut, il ne faut pas, vous
devez*. Proposez vos conseils à la classe. La
classe choisit les 10 meilleurs conseils.**

**2 En groupe. Créez un document
avec les 10 conseils de la classe
pour bien parler français.**

Leçon 24 | # Désaccords

1. Attitude 8

Regardez la vidéo avec le son.

1 Pour chaque photo, choisissez un mot.

  a Mécontentement
  b Surprise
  c Autorité
  d Joie

2 Notez ce que M. Bonomi dit pour chaque photo et comparez vos réponses.

2. Les gestes parlent 8

1 Regardez la vidéo sans le son. Associez les gestes aux mots.

  a Super !   b Comme ci, comme ça.

2 Quels gestes utilisez-vous dans votre langue pour dire la même chose ?

3. Jamais content

Regardez la photo. Expliquez l'attitude de M. Bonomi. Que pensez-vous de sa réaction ?

La Sorbonne

Au cœur de Paris 9

Regardez la vidéo.

1 Quels monuments parisiens reconnaissez-vous ?

2 Trouvez un titre pour chaque partie de la vidéo.

a

b

c

d

Les lieux 9

Regardez la vidéo. Quels lieux voit-on ?
Choisissez.

a Une cour
b Un couloir
c Un restaurant
d Un amphithéâtre

e Une salle de sport
f Une bibliothèque
g Une chambre
h Un parc

La Sorbonne et vous

1 À deux. Répondez aux questions.

a Qu'est-ce qui vous plaît à la Sorbonne ?
b Aimeriez-vous faire vos études à la Sorbonne ?

2 Relevez trois différences entre la Sorbonne et une université que vous connaissez.

Culture/Savoir

Le montant moyen annuel des droits d'inscription est de :
181 euros pour la Licence
250 euros pour le Master
380 euros pour le Doctorat
Dépense annuelle de l'État français pour un étudiant, en 2013 :
8 250 euros

Quiz

Choisissez la bonne réponse.

1 La Sorbonne a été fondée :

a en 1253.
b en 1850.
c en 1789.

2 À l'origine, la Sorbonne enseignait :

a la médecine.
b le droit.
c la théologie.

3 Maintenant, à la Sorbonne, on peut étudier :

a l'informatique.
b la littérature.
c la médecine.

Entraînement

┃ Leçon 21

1. Les études

Trouvez l'intrus.

un semestre – un examen – ⟨*sortir*⟩ *– réussir*

a un cours – acheter – le lycée – rater
b une matière – une Licence – des notes – une recette
c réviser – passer – suivre – partir
d travailler – faire des études – ajouter – être à la fac

2. Les participes passés

Reliez les infinitifs aux participes passés.

naître ■	■ né
réussir ■	■ eu
faire ■	■ été
avoir ■	■ appris
pouvoir ■	■ fait
aller ■	■ suivi
apprendre ■	■ réussi
suivre ■	■ allé
être ■	■ pu

3. Les copines

Charlotte et Adèle parlent de Juliette.
Mettez les verbes au passé composé.

Charlotte : Tu as vu Juliette aujourd'hui ? Elle va bien ?

Adèle : Elle va très bien. Juliette et Hugo (faire) *ont fait* connaissance. Samedi soir, ils (aller) au cinéma. Ils (voir) un nouveau film. Avant, ils (se promener) dans le centre-ville. Ils (parler). Hugo (inviter) Juliette dans un bar. Ils (se quitter) vers minuit. Ils (passer) une bonne soirée. Juliette est très contente.

Charlotte : Super !

4. *Être* ou *avoir* ?

Reliez l'infinitif à l'auxiliaire *avoir* ou *être* utilisé pour le passé composé.

pouvoir ■			
être ■			
se retrouver ■		■	avoir
faire ■			
se promener ■			
rater ■		■	être
avoir ■			
naître ■			
s'habiller ■			

5. Changement de programme

Mettez au passé composé et ajoutez la négation.

D'habitude, je vais au cinéma, mais hier je ne suis pas allé au cinéma.

D'habitude,

a je dîne à 20 h mais hier ___ .
b je me promène au bord de la Seine mais hier ___ .
c je travaille mais hier ___ .
d je téléphone à ma mère mais hier ___ .
e je prends la voiture mais hier ___ .
f je lis le journal mais hier ___ .

6. Combien de temps ?

Reformulez les phrases. Utilisez *pendant*.

Il est allé à la fac d'octobre à mai. → Il est allé à la fac pendant 8 mois.

a Elle a révisé en juillet et août.
b Ils se sont promenés de 20 h à 23 h.

Dialogue

┃ Leçon 22

7. L'imparfait

Associez le verbe à son infinitif.

je faisais ▨   ▨ être

tu finissais ▨   ▨ prendre

elle se promenait ▨   ▨ faire

nous voulions ▨   ▨ se promener

vous étiez ▨   ▨ finir

ils prenaient ▨   ▨ vouloir

8. Quelle fréquence ?

Indiquez la fréquence.

Je pars en vacances deux fois par an.

a   Je pars en vacances ___ .

b   Je vais au restaurant ___ .

c   Je mange ___ .

d   Je suis des cours de français ___ .

e   Je fais du sport ___ .

f   Je vais au cinéma ___ .

9. Présent ou imparfait ? 🎧70

1 Écoutez et répondez : présent ou imparfait ?

je visite → présent

2 Répétez.

10. Souvenir de Bretagne

Écrivez le texte au passé, conjuguez les verbes à l'imparfait.

~~C'est~~ *C'était* en 2001, j'ai 10 ans. Avec mes parents, nous sommes en vacances en Bretagne. Tous les matins, nous nous baignons. Après la baignade, nous déjeunons sur la terrasse de notre location. Après le déjeuner, ma mère dort : elle fait la sieste. Mon père lit. Moi, je regarde la mer et les bateaux. Le soir, nous nous promenons sur le port. Après la promenade, nous dînons au restaurant. Je prends toujours des crêpes ! Je peux me coucher tard. C'est super !

┃ Leçon 23

11. Pour l'inscription

Complétez avec : *envoyer*, *signer*, *remplir*, *lire*.
Pour vous inscrire, d'abord, il faut ___ les instructions. Puis, vous devez ___ le formulaire et le ___ . Enfin, vous devez l' ___ par la poste.

12. C'est pour ma fille

Complétez avec : *le*, *la*, *l'* ou *les*.

– Tu connais l'université de Nantes ?

– Oui, je ___ connais.

– C'est une bonne université ? Je veux inscrire ma fille.

– Tu peux ___ inscrire ! C'est une excellente université !

– Les professeurs sont bons ?

– Je ne ___ connais pas tous !

– Il y a un formulaire à remplir ?

– Oui ! Ta fille doit ___ signer et ___ envoyer par mail.

13. Un bon étudiant

Donnez 6 conseils pour être un bon étudiant.
Utilisez : *devoir*, *il faut*, *il ne faut pas*.

14. Des nombres ! 🎧71

Écoutez et répétez.

a   [Ɛ̃] : un, cinq, quinze, vingt, vingt et un

b   [ɑ̃] : trente, quarante, soixante, cent, cent trente

c   [ɔ̃] : onze, deux millions, onze millions

d   [Ɛ̃] et [ɑ̃] : cinquante, cinq cents, cinquante-cinq, cinq cent un, cinq cent cinquante-cinq

e   [ɔ̃]/[ɑ̃] : soixante et onze, cent onze, trente millions, cent quarante millions

f   [Ɛ̃],[ɑ̃] et [ɔ̃] : cinq cent onze, cinquante millions, onze cent quinze, un million cinq cent onze mille cinq cent soixante et onze

Action !

Nous faisons le bilan du cours de français.

Pour cela, nous allons :

▷ **noter :**
- le nombre d'étudiants dans la classe
- les langues parlées
- le nombre d'heures de cours par semaine
- les tâches réalisées en classe
- les tâches réalisées en dehors de la classe

▷ **voter pour ce qu'on a aimé :**

dans le manuel :
- les activités
- les travail sur les vidéos
- les faits et gestes
- la culture

les vidéos :
- la série : quels épisodes ? Quel(s) personnage(s) ?
- les autres vidéos : quelle(s) vidéo(s) ?

dans la classe :
- le site
- les tâches
- l'ambiance
- la participation

▷ **écrire un texte pour raconter notre travail dans le cours de français.**

▷ **poster le texte sur le site de la classe.**

Votre avis	+++	+	-
Le recueil des informations	——	——	——
La rédaction du texte	——	——	——

DELF A1

Vous allez entendre 5 petits dialogues correspondant à des situations différentes. Regardez les images, écoutez les dialogues et notez le numéro du dialogue sous l'image qui correspond. Attention, il y a 6 dessins et seulement 5 dialogues !

a   Dialogue

n° ....

b   Dialogue

n° ....

c   Dialogue

n° ....

d   Dialogue

n° ....

e   Dialogue

n° ....

f   Dialogue

n° ....

II. Compréhension des écrits

Lisez ce document puis répondez aux questions en cochant (X) la bonne réponse ou en écrivant l'information demandée.

Université Paul-Valéry
Montpellier 3

Procédures d'inscription à l'université

- Remplissez le formulaire.
- Dans le cadre « situation universitaire », écrivez la date de votre diplôme de fin d'études secondaires.
- N'oubliez pas de signer votre formulaire.

- Le formulaire doit être envoyé par courrier à l'adresse suivante :
    Université Paul-Valéry – Montpellier 3
    Bureau des relations internationales
    Route de Mende
    34199 Montpellier Cedex 5
    France

- Merci de nous indiquer votre adresse email pour recevoir toute information importante.

1. Quelle information doit-on donner dans le cadre « situation universitaire » ?

....

2. Qu'est-ce qu'il ne faut pas oublier de faire ?

....

3. Le formulaire d'inscription doit être...
   a envoyé par email.
   b posté.

4. Le formulaire d'inscription doit être adressé à quel bureau de l'université ?

....

5. Pour avoir d'autres informations, qu'est-ce que l'université demande de donner ?

....

III. Production écrite

▷ **Écrire un message court.**

1. Un ami français vient étudier pendant un semestre dans votre pays. Une personne de votre famille va l'accueillir à l'aéroport. Vous écrivez un courriel à votre ami. Vous lui dites qui va venir le chercher à l'aéroport et vous décrivez physiquement cette personne. (40-50 mots)

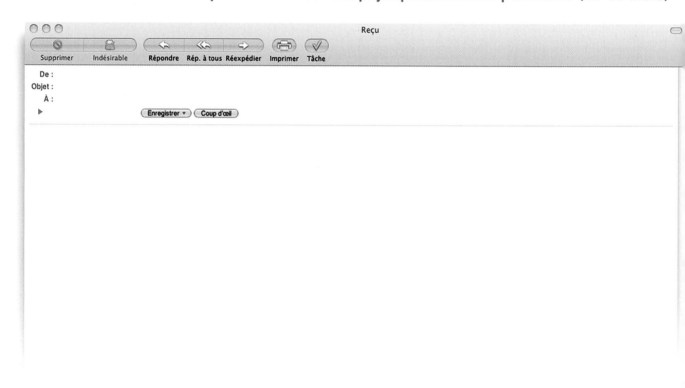

2. Vous êtes en vacances. Vous écrivez une carte postale à un ami français. Vous dites où vous passez vos vacances, avec qui et les activités que vous faites. (40-50 mots)

IV. Production orale

1. Posez des questions à un étudiant de votre groupe à partir des mots suivants.

Études ?	Vacances ?	Film ?
Réviser ?	Soirée ?	Marié ?

2. Vous racontez vos dernières vacances. Vous dites où vous étiez et les activités que vous avez faites.

Précis de phonétique

Les sons du français

▷ Les voyelles

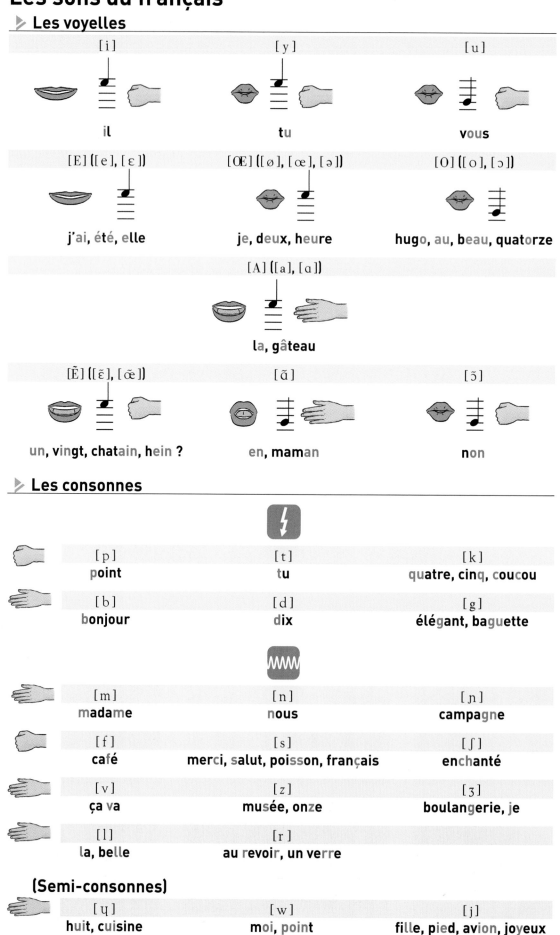

[i]	[y]	[u]
il	tu	vous
[E] ([e], [ɛ])	[Œ] ([ø], [œ], [ə])	[O] ([o], [ɔ])
j'ai, été, elle	je, deux, heure	hugo, au, beau, quatorze

[A] ([a], [ɑ])

la, gâteau

[Ẽ] ([ɛ̃], [œ̃])	[ɑ̃]	[ɔ̃]
un, vingt, chatain, hein ?	en, maman	non

▷ Les consonnes

[p]	[t]	[k]
point	tu	quatre, cinq, coucou
[b]	[d]	[g]
bonjour	dix	élégant, baguette

[m]	[n]	[ɲ]
madame	nous	campagne
[f]	[s]	[ʃ]
café	merci, salut, poisson, français	enchanté
[v]	[z]	[ʒ]
ça va	musée, onze	boulangerie, je
[l]	[r]	
la, belle	au revoir, un verre	

(Semi-consonnes)

[ɥ]	[w]	[j]
huit, cuisine	moi, point	fille, pied, avion, joyeux

Graphie-phonie

▷ Quelques voyelles

On écrit	On prononce
La lettre « a »	
la, à	[a]
travailler, le travail	[aj]
j'ai	[E]
an	[ã]
main	[Ẽ]
au	[O]
La lettre « e »	
le heure deux	[Œ]
trente	[ã]
sept, mer les, parler, parlez café mère fête treize	[E]
beau	[O]
La lettre « i »	
dix	[i]
vingt	[Ẽ]
la fille	[ij]
La lettre « o »	
métro, quatorze	[O]
douze	[u]
onze	[ɔ̃]
moi	[wa]
La lettre « u »	
du sucre	[y]
un	[Ẽ]
La lettre « y »	
le lycée	[i]
joyeux	[waj]

▷ Quelques consonnes

On écrit	On prononce
La lettre « c »	
cent, cinéma, c'est	[s]
cou, classe, carte	[k]
français	[s]
enchanté	[ʃ]
La lettre « g »	
élégant, anglais, baguette	[g]
boulangerie	[ʒ]
campagne	[ɲ]
La lettre « h »	
habiter	
La lettre « q »	
cinq, qui, musique	[k]
La lettre « s »	
salut, danser, tennis, poisson	[s]
musée, française, les amis, mes amis...	[z]
La lettre « x »	
dix	[s]
dix amis	[z]
taxi	[ks]
exercice	[gz]

Précis de phonétique

Rythme, accentuation, intonation

▷ Le mot phonétique

À l'oral, les mots écrits forment des groupes. On prononce ces groupes de mots comme un seul mot : c'est le mot phonétique.
Le mot phonétique correspond à une idée et/ou à un groupe grammatical.

Je m'appelle	/	Laurent Bonomi	/	j'ai 43 ans	/	je suis ingénieur	/	à la SNCF
1 mot phonétique	/	1 mot phonétique	/	1 mot phonétique	/	1 mot phonétique	/	1 mot phonétique

▷ L'accentuation

Dans le mot phonétique, la dernière syllabe est toujours accentuée : elle est plus longue.
da **daaa**   bon**jour**
da da **daaa**   s'il vous **plaît**

▷ Le rythme

- Dans le mot phonétique, la dernière syllabe est plus longue ; c'est la syllabe accentuée. Les autres syllabes, non accentuées, sont régulières : même longueur, même force, même énergie.
  1 syllabe : **Daaa   moi**
  2 syllabes : Da **daaa**   cou**cou**
  3 syllabes : da da **daaa**   enchan**té**
  4 syllabes : da da da **daaa**   bonjour à **tous**
  5 syllabes : da da da da **daaa**   j'habite à Pa**ris**
  6 syllabes : da da da da da **daaa**   il est améri**cain**

- Une phrase est composée de plusieurs mots phonétiques. La succession des syllabes non accentuées et des syllabes accentuées constitue le rythme. Le rythme est régulier.

da da **daaa**	/	da da **daaa**	/	Da da da da **daaa**	/	da da **daaa** /
Je m'a**ppelle**	/	Yumi**ko**	/	je suis japo**naise**	/	j'ai tren**te ans** /

▷ L'intonation

- Pour poser une question, la voix monte. ↑
  Vous avez un téléphone ? ↑
  Pour répondre, la voix descend. ↓
  Oui. ↓ Un portable. ↓

- Dans le mot phonétique, si la phrase n'est pas finie, la voix monte (comme pour une question) ↑. Si la phrase est finie, la voix descend (comme pour une réponse) ↓.
  Je m'a**ppelle** ↑ Yumi**ko** ↑ je suis japo**naise** ↑ j'ai tren**te-ans** ↓

▷ Le [ə] ("e")

Souvent, on ne prononce pas le [ə] à l'intérieur d'un mot phonétique.
Sam~~e~~di.
J~~e~~ me couche.

La continuité

Dans un mot phonétique, la voix ne s'arrête pas entre les mots écrits.

▷ La liaison

Dans le mot phonétique, une consonne finale muette d'un mot écrit peut former une syllabe avec la voyelle initiale du mot suivant. C'est la liaison.

un‿apéritif → [ɛ̃ na pE ri tif] = « unapéritif »

▷ Les enchaînements

Dans le mot phonétique, une consonne finale prononcée d'un mot écrit forme toujours une syllabe avec la voyelle initiale du mot suivant. C'est l'enchaînement.

Il est sept heures → [i lE sE tŒr] = « ilestseptheures »
quatre heures et quart → [ka trŒ rE kar] = « quatreheuresetquart »

▷ L'élision

le, je, ne, de, se, ce, me, te, + voyelle (ou « h ») = l', j', n', d', s', c', m', t'
l', j', n', d', s', c', m', t' forment une syllabe avec la voyelle initiale du mot suivant
l'ail = [**laj**] = « **lail** »
j'habite = [**ʒabit**] = « **jhabite** »
un peu **d'huile** = [**dɥil**] = un peu « **dhuile** »
je **t'aime** = [**tEm**] = je « **taime** »

Les lettres finales

On ne prononce pas le « e » écrit à la fin des mots. On prononce la consonne qui est avant le « e ».

Élégante̸   [ElEgɑ̃t]
Mince̸   [mɛ̃s]
Jeune̸   [ʒŒn]

En général, on ne prononce pas les consonnes écrites à la fin des mots.
non̸, bien̸, en̸

Pour cette raison, on n'entend pas de différence orale entre un nom singulier et un nom pluriel (On ne prononce pas le « s » final).
→ quai = quais = [kE] ; pont = ponts = [põ]

L'alphabet

Pour bien mémoriser la prononciation des lettres de l'alphabet, pensez à « la voyelle support » des consonnes !
[a] : a, h, k
[e] : b, c, d, g, p, t, v, w
[ɛ] : f, l, m, n, r, s, z
[i] : i, j, x, y
[y] : u, q
[o] : o
[ə] : e

Précis de grammaire

Présentations

▷ Les pronoms personnels sujets
Leçon 1

Ils sont obligatoires et se placent avant le verbe.

	singulier	**pluriel**
1re personne :	**je** (**j'**+voyelle)	**nous**
2e personne :	**tu**	**vous**
3e personne :	**il** (masculin)/**elle** (féminin)/**on**	**ils** (masculin)/**elles** (féminin)

J'appelle
Tu appelles
Il/Elle/On appelle
Nous appelons
Vous appelez
Ils/Elles appellent

▷ Le pronom « on »
Leçon 10

« **On** » remplace « nous », « ils » ou « elles ».

❶ Avec on, le verbe se conjugue à la **3e personne du singulier** (comme avec « **il** » ou « **elle** »).

On fait la fête. = Nous faisons la fête. ou Les Parisiens font la fête.

▷ Le verbe s'appeler
Leçons 1 et 7

s'appeler ≠ appeler
Je m'appelle Juliette. ≠ J'appelle Juliette.

je (j')	**m'**	appelle	[ʒəmapɛl]
tu	**t'**	appelles	[tutapɛl]
il/elle	**s'**	appelle	[ilsapɛl][ɛlsapɛl]
ils/elles	**s'**	appellent	[ilsapɛl][ɛlsapɛl]
nous	**nous**	appelons	[nunuzaplɔ̃]
vous	**vous**	appelez	[vuvuzaple]

▷ La négation
Leçon 11

sujet + **ne** (**n'**) + verbe + **pas**
Je **ne** connais **pas**.
Je **n'**aime **pas**.

▷ Les pronoms toniques
Leçons 1 et 5

On utilise les pronoms toniques pour insister, après « c'est » ou après une préposition.

	singulier	**pluriel**
1re personne :	**moi**	**nous**
2e personne :	**toi**	**vous**
3e personne :	**lui** (masculin)/**elle** (féminin)	**eux** (masculin)/**elles** (féminin)

Moi, je m'appelle Juliette.
Hugo, c'est lui.
Je travaille avec toi.

▷ Les présentatifs Leçons 10, 15 et 18

- **il y a** + article + nom
  À Paris, **il y a** le fleuve, les quais...

- **c'est/voilà/ça**   **C'est** à moi !   **Voilà** des pommes.   Et avec **ça** ?

▷ C'est, il est Leçons 15 et 18

- **il/elle est** + adjectif/profession **Il est** grand ; **elle est** actrice ; **elle est** intelligente.

- **c'est un/une** + nom + adjectif **C'est une** femme élégante ; **c'est un** acteur sérieux.

  On peut ajouter des **adjectifs**.   Il est **grand**, **jeune** et **sympathique**.

Caractérisation

▷ L'article indéfini Leçon 3

Quand on parle d'une chose pour la **première fois**, on utilise l'**article indéfini**.

masculin	féminin	pluriel
un	une	des
un café	une baguette	des cafés, des baguettes

▷ L'article défini Leçons 1 et 9

Quand on parle d'une chose pour la **deuxième fois** ou pour donner une **précision**, on utilise l'**article défini**.

masculin	féminin	pluriel
le (l' + voyelle)	la (l' + voyelle)	les
le menu	la salade	les desserts
l'été	l'addition	les additions

▷ Les marques du genre et du pluriel à l'écrit Leçon 2

En général, le mot féminin finit par un « e ».
boulangerie, pharmacie : féminin
métro, restaurant : masculin

En général, le mot pluriel finit par un « s ».
femmes, jours : pluriel
femme, jour : singulier

▷ Le pluriel des noms Leçon 10

On ajoute un « s » à la fin du nom.
le quai → les quais [kɛ]
un pont → des ponts [pɔ̃]
On ne prononce pas le « s ».
❶ un bateau → des bateaux

▷ Les marques du genre et du pluriel à l'oral Leçon 3

En général, les mots féminins finissent par une consonne prononcée. On utilise « une ».
une baguette (On entend /t/ à la fin du mot.)
En général, les mots masculins finissent par une voyelle prononcée. On utilise « un ».
un café (On entend /e/ à la fin du mot.)

Précis de grammaire

▶ Les pronoms compléments directs (COD) Leçon 23

Les pronoms COD permettent d'éviter une répétition : ils remplacent un nom déjà cité.

masculin	féminin	pluriel
le (l' + voyelle)	la (l' + voyelle)	les

Les pronoms COD se placent avant le verbe.
Je connais cette étudiante. → Je **la** connais.
J'aime cette étudiante. → Je l'aime.
Je connais ce chanteur. → Je **le** connais.
J'aime ce chanteur. →Je l'aime.
Je connais ces films. → Je **les** connais.
J'aime ces films. → Je **les** aime.

Avec il faut/il ne faut pas et le verbe devoir, les pronoms COD se placent avant l'infinitif.

Il faut signer <u>le formulaire</u>. → Il faut **le** signer.
Vous devez envoyer <u>la fiche d'inscription</u>. → Vous devez l'envoyer.
Il ne faut pas noter <u>la date</u>. → Il ne faut pas **la** noter.

▶ Les adjectifs possessifs Leçons 7 et 18

Ils marquent la possession.
Adjectif possessif + nom

- Au singulier

masculin	féminin
mon, **ton**, **son**	**ma**, **ta**, **sa**
mon fixe, **ton** portable, **son** numéro	**ma** femme, **ta** femme, **sa** femme
votre nom	**votre** adresse

❶ On emploie **mon**, **ton**, **son** devant un mot féminin commençant par une voyelle :
mon adresse.

- Au pluriel, féminin = masculin

mes, **tes**, **ses**
mes personnalités préférées, **tes** films, **ses** photos
nos, **vos**, **leurs**
nos amis, **vos** personnalités préférées, **leurs** enfants

▶ Les adjectifs démonstratifs Leçon 13

Ils permettent de montrer un objet.
Adjectif démonstratif + nom

masculin	féminin	pluriel
ce (cet + voyelle)	cette	ces
Ce style, ça vous va ?	**Cette** veste est un peu grande.	**Ces** chaussures sont belles.
Cet été.		

▶ Place et accord de l'adjectif Leçon 18

L'adjectif qualifie le nom.
Il se place après le nom.
nom + adjectif
C'est un **homme** élégant.

❶ Jeune, **bon** et beau se placent avant le nom : C'est une belle **femme** ; c'est un **bon** acteur.

- Au féminin, on ajoute un « **e** » à l'adjectif.
  Il est grand. → Elle est grand**e**.

On ne prononce pas le « e » mais on prononce la consonne qui se trouve avant le « e ».

❶ Quand l'adjectif masculin finit avec « e », l'adjectif ne change pas au féminin.
   Il est jeune. → Elle est jeune.
❶ Bon → bonne ; beau → belle ; courageux → courageuse
❶ Un bel homme.

• Au pluriel, on ajoute « s ».
  Ils sont élégants ; elles sont élégantes.
  On ne prononce pas le « s ».

▷ L'intensité
❙ Leçon 13

un peu/très/trop + adjectif
un peu grande +
très grande ++
trop grande +++

L'espace

▷ Situer dans l'espace
❙ Leçon 6

Prépositions + noms de pays et de villes
• **venir** de/d' + ville
  Elle **vient** de Berlin ; d'Amsterdam.
• **habiter** à + ville
  Il **habite** à Guadalajara.
• **habiter** en + pays féminin ou commençant par une voyelle
  Il **habite** en France ; en Espagne.
  au + pays masculin
  Il **habite** au Japon.
  aux + pays pluriel
  Elles **habitent** aux États-Unis.

▷ Indiquer un lieu
❙ Leçon 11

à droite   à gauche   à côté   près   loin

La demande

▷ *Est-ce que ?/Qu'est-ce que ?*
❙ Leçon 9

[ɛskə]   [kɛskə]

À la question « est-ce que ? », on répond « oui » ou « non ».
– **Est-ce que** vous prenez un apéritif ? – Oui/Non.

À la question « qu'est-ce que ? », on répond avec un nom ou une phrase.
– **Qu'est-ce** que tu prends ? – Le poulet.
– **Qu'est-ce** que tu fais ? – Je lis un livre.

Précis de grammaire

▶ L'adjectif interrogatif *quel*   Leçon 13

quel + nom
quel + verbe *être*

	masculin	féminin
singulier	quel	quelle
pluriel	quels	quelles

Quel genre de veste ?
Quelle est votre **taille** ?
Quels sont vos **styles** préférés.
Quelles couleurs ?

▶ Les adverbes interrogatifs   Leçon 11

- **Où ?**
  Pour poser une question sur le lieu.   Tu habites **où** ?
- **Quand ?**
  Pour poser une question sur le temps.   Elle arrive **quand** ?
- **Qui ?**
  Pour poser une question sur une personne.   C'est **qui** ?
- **Combien ?**
  Pour poser une question sur la quantité.   **Combien** ça coûte ?

▶ L'intonation montante   Leçon 7

Pour poser une question à l'oral, on utilise l'intonation : la voix monte.
Vous voulez essayer cette veste ? ↑

▶ L'inversion sujet – verbe   Leçon 13

En registre soutenu et à l'écrit, on inverse l'ordre du sujet et du verbe : **verbe** + **sujet**.
On ajoute un tiret « – » entre les deux. La voix monte aussi.
Voulez-**vous** l'essayer ? ↑

▶ La réponse à une question négative   Leçon 17

Pour répondre à une question négative, on ne peut pas utiliser « oui ». La réponse
est « **si** » ou « **non** ».
– Tu n'aimes **pas** les films d'action ?   – **Si** (j'aime).   – Non (je n'aime pas).

Dire de faire

▶ L'impératif   Leçon 14

On utilise l'impératif pour dire à quelqu'un de faire quelque chose. L'impératif se
conjugue aux 2es personnes du singulier et du pluriel. La conjugaison de l'impératif
est la même que celle du présent mais :
– on n'utilise pas de pronom personnel sujet ;
– on supprime souvent le « s » à la 2e personne du singulier.

présent	impératif
tu verses	verse
vous versez	versez
tu ouvres	ouvre
vous ouvrez	ouvrez
tu fais	fais
vous faites	faites
tu finis	finis
vous finissez	finissez

❶ Être : sois, soyez ; avoir : aie, ayez.

▷ Le conditionnel de politesse du verbe *vouloir* ❚ Leçon 9

Je voudrais + **nom**
Je voudrais **un jus de fruit**.

La quantité

▷ Les quantificateurs ❚ Leçons 14 et 15

On connaît la quantité.
- 1, 2, 3... + ingrédient
  cinq tomates
- 200 grammes, 1 kilo... + **de (d')*** + ingrédient
  700 g **de** veau
- une cuillère/un verre/une bouteille/un morceau... + **de (d')*** + ingrédient
  2 cuillères **d'**herbes
- un peu/beaucoup + **de (d')*** + ingrédient
  un peu de sel

*(d' + voyelle ou « h »)

Quantité 0 :
  pas + **de/d'** + produit
  pas de sel

▷ Les articles partitifs ❚ Leçon 15

On ne connaît pas la quantité.

masculin	féminin	pluriel
du (**de l'** + voyelle)	**de la** (**de l'** + voyelle)	des
du potiron, **de l'**argent	**de la** salade, **de l'**eau	des tomates, des oranges

Le temps

▷ Le présent ❚ Leçon 6

On utilise le présent pour (se) présenter, décrire, caractériser.

Verbes à une base

- Pour conjuguer les **verbes en –er**, on supprime –er et on ajoute les terminaisons e, es, e, ons, ez, ent.

	parler	
je	parl**e**	
tu	parl**es**	
il/elle	parl**e**	[parl]
ils/elles	parl**ent**	
nous	parl**ons**	[parlɔ̃]
vous	parl**ez**	[parle]

- Pour les **verbes pronominaux**, on utilise un deuxième pronom.
  se **coucher**
  je me couche
  tu te couches
  il/elle/on se couche
  nous nous couchons
  vous vous couchez
  ils/elles se couchent

Précis de grammaire

▶ **Le présent continu**

On utilise le présent continu pour décrire une action que l'on fait au moment où l'on parle.

être en train de + <u>infinitif</u>

je suis	
tu es	
il/elle/on est	**en train de** <u>regarder</u> un film.
nous sommes	
vous êtes	
ils/elles sont	

- Pour conjuguer certains **verbes en –ir** (offrir, ouvrir...), on supprime –ir et on ajoute les terminaisons **e**, **es**, **e**, **ons**, **ez**, **ent**.

  offrir
  j'offr**e**
  tu offr**es**
  il/elle/on offr**e**
  ils/elles offr**ent**
  nous offr**ons**
  vous offr**ez**

Verbes à deux bases

- Pour conjuguer certains **verbes en –ir** (finir, choisir, réfléchir...), on supprime –ir et on ajoute les terminaisons **is**, **is**, **it**, **issons**, **issez**, **issent**.

  finir
  je fin**is**
  tu fin**is**
  il/elle/on fin**it**
  nous fin**issons**
  vous fin**issez**
  ils/elles fin**issent**

- Pour les **autres** verbes, on ajoute les terminaisons **s**, **s**, **d/t**, **ons**, **ez**, **ent**.
  je sor**s** (sortir)
  tu dor**s** (dormir)
  il pren**d** (prendre)
  elle vien**t** (venir)
  nous buv**ons** (boire)
  vous compren**ez** (comprendre)
  ils vienn**ent** (venir)
  elles part**ent** (partir)

▶ **Le futur proche**　　　　　　　　　　　　　　　　　　　　　　| Leçon 17

On utilise le futur proche pour parler d'une action dans le futur.

verbe **aller** au présent + infinitif

je	**vais**	appeler	Juliette.
tu	**vas**	sortir	
il/elle/on	**va**	aller	au cinéma.
nous	**allons**	dîner	
vous	**allez**	danser	
ils/elles	**vont**	partir	

• Le futur proche des verbes pronominaux.

		se	coucher
je	vais	me	coucher
tu	vas	te	coucher
il/elle/on	va	se	coucher
nous	allons	nous	coucher
vous	allez	vous	coucher
ils/elles	vont	se	coucher

• La négation au futur proche.
Je **ne vais pas** sortir.

▷ Le passé composé
Leçons 19 et 21

On utilise le passé composé pour décrire des événements passés dans un ordre chronologique et pour exprimer un changement.
Pour conjuguer les verbes au passé composé, on utilise :
l'auxiliaire être ou avoir au présent + le **participe passé** du verbe

• Formation des participes passés.
  – verbes en -er → é
  aimer → aim**é**
  – autres verbes → i, is, u
  finir → fin**i**
  prendre → pr**is**
  venir → ven**u**
❶ être → été – avoir → eu – faire → fait

• On utilise l'auxiliaire être avec les verbes pronominaux et avec les verbes :
  naître/mourir ; aller/venir/devenir ; arriver/rester/partir ; entrer/sortir ; monter/descendre ; passer ; retourner ; tomber.

  sortir
  je suis sorti(e)
  tu es sorti(e)
  il/elle/on est sorti(e)
  nous sommes sorti(e)s
  vous êtes sorti(e)s
  ils/elles sont sorti(e)s

  se lever
  je **me** suis levé(e)
  tu **t'**es levé(e)
  il/elle/on **s'**est levé(e)
  nous **nous** sommes levé(e)s
  vous **vous** êtes levé(e)s
  ils/elles **se** sont levé(e)s

• L'accord du participe passé.
  Avec l'auxiliaire être, le participe s'accorde avec le sujet (« e » pour le féminin, « s » pour le pluriel).
  Je suis venu**e**. (je = une femme)
  Je suis sorti. (je = un homme)
  Elle s'**est** promené**e**.
  Ils se **sont** retrouvé**s**.
  Elles **sont** parti**es**.

Précis de grammaire

- On utilise l'auxiliaire avoir avec tous les autres verbes.

  parler
  j'ai parlé
  tu as parlé
  il/elle/on a parlé
  nous avons parlé
  vous avez parlé
  ils/elles ont parlé

- La négation au passé composé : sujet + ne + auxiliaire + pas + participe passé.
  J'ai travaillé. → Je n'ai pas travaillé.
  Je suis allée en cours. → Je ne suis pas allée en cours.

- La négation au passé composé avec les verbes pronominaux.
  Je me suis promené. → Je ne me suis pas promené.

▷ L'imparfait | Leçon 22

On utilise l'imparfait pour raconter un souvenir, décrire une situation, exprimer une habitude.
Quand j'**étais** petit. = J'**étais** un enfant.
On **achetait** un chichi. Nous **déjeunions** sur la terrasse.
On ne s'**ennuyait** pas. C'**était** bien !
Il y **avait** beaucoup de monde.
On **allait** au cinéma.

- Formation de l'imparfait
  L'imparfait se forme avec la 1ʳᵉ personne du pluriel au présent (nous) + **ais**/**ait**/**aient**/**ions**/**iez**.
  Présent : nous **all**ons
  → base de l'imparfait : all

j'/tu	all	**ais**	⎤
il/elle/on	all	**ait**	⎬ [ɛ]
ils/elles	all	**aient**	⎦
nous	all	**ions**	[jɔ̃]
vous	all	**iez**	[je]

  ❶ Une seule exception : être.

j'	ét	**ais**
tu	ét	**ais**
ils/elle/on	ét	**ait**
ils/elles	ét	**aient**
nous	ét	**ions**
vous	ét	**iez**

▷ Le passé composé et l'imparfait | Leçon 22

L'imparfait décrit une situation, un sentiment passés. Le passé composé décrit des évènements passés dans un ordre chronologique, il exprime un changement.

J'**ai vécu** à New York pendant 3 ans. J'**étais** hôtesse d'accueil. Ce travail ne me **plaisait** pas. J'**ai décidé** de changer de carrière. Je **suis partie** au Japon.

Situer dans le temps

▷ Indiquer un moment Leçons 19 et 21

En + année : **en** 1980
En + mois + année : **en** août 95
X ans/mois/semaines/jours après : Deux **ans après**...
À la fin de + déterminant + nom : **À la fin de** ses études, **à la fin du** film, **à la fin des** vacances.
Hier : **Hier**, je suis allée au secrétariat.
Il y a longtemps : Tu as raté des examens **il y a longtemps**.
Il y a + passé composé situe un évènement dans le passé.
Je suis arrivée en France **il y a** 10 ans.

▷ Indiquer la chronologie Leçon 19

D'abord/Puis/Enfin
Il est **d'abord** parti en Afrique, **puis** en Asie. **Enfin**, il est rentré en France.

▷ Exprimer la durée Leçon 21

Pendant + la saison/X ans/X jours/X mois/longtemps
Je vais réviser **pendant** les vacances.
Pendant + passé composé exprime une durée qui est terminée.
J'ai travaillé dans un cabinet d'avocat **pendant** 10 ans.

▷ Exprimer l'antériorité et la postériorité Leçon 22

après + article + nom ≠ **avant** + article + nom
Pour dire : Premièrement (1) nous nous baignions, deuxièmement (2) nous déjeunions, on peut choisir **avant** ou **après** : **après** la baignade, nous déjeunions ; **avant** le déjeuner, nous nous baignions.

▷ Exprimer la fréquence Leçon 22

X fois par + jour/semaine/mois/an.
Deux **fois par** jour.

Précis de conjugaison

Être

Présent	Impératif	Passé composé	Imparfait
Je suis		J'ai été	J'étais
Tu es	Sois	Tu as été	Tu étais
Il/elle/on est		Il/elle/on a été	Il/elle/on était
Nous sommes		Nous avons été	Nous étions
Vous êtes	Soyez	Vous avez été	Vous étiez
Ils/elles sont		Ils/elles ont été	Ils/elles étaient

Avoir

Présent	Impératif	Passé composé	Imparfait
J'ai		J'ai eu	J'avais
Tu as	Aie	Tu as eu	Tu avais
Il/elle/on a		Il/elle/on a eu	Il/elle/on avait
Nous avons		Nous avons eu	Nous avions
Vous avez	Ayez	Vous avez eu	Vous aviez
Ils/elles ont		Ils/elles ont eu	Ils/elles avaient

Aller

Présent 🎧38	Impératif	Passé composé	Imparfait 🎧65
Je vais		Je suis allé(e)	J'allais
Tu vas	Va	Tu es allé(e)	Tu allais
Il/elle/on va		Il/elle est allé(e)	Il/elle/on allait
Nous allons		Nous sommes allé(e)s	Nous allions
Vous allez	Allez	Vous êtes allé(e)(s)	Vous alliez
Ils/elles vont		Ils/elles sont allé(e)s	Ils/elles allaient

Faire

Présent	Impératif	Passé composé	Imparfait
Je fais		J'ai fait	Je faisais
Tu fais	Fais	Tu as fait	Tu faisais
Il/elle/on fait		Il/elle/on a fait	Il/elle/on faisait
Nous faisons		Nous avons fait	Nous faisions
Vous faites	Faites	Vous avez fait	Vous faisiez
Ils/elles font		Ils/elles ont fait	Ils/elles faisaient

▷ Verbes à une base

Aimer

Présent	Impératif	Passé composé	Imparfait
J'aime		J'ai aimé	J'aimais
Tu aimes	Aime	Tu as aimé	Tu aimais
Il/elle/on aime		Il/elle/on a aimé	Il/elle aimait
Nous aimons		Nous avons aimé	Nous aimions
Vous aimez	Aimez	Vous avez aimé	Vous aimiez
Ils/elles aiment		Ils/elles ont aimé	Ils/elles aimaient

Offrir

Présent	Impératif	Passé composé	Imparfait
J'offre Tu offres Il/elle/on offre Nous offrons Vous offrez Ils/elles offrent	Offre Offrez	J'ai offert Tu as offert Il/elle/on a offert Nous avons offert Vous avez offert Ils/elles ont offert	J'offrais Tu offrais Il/elle/on offrait Nous offrions Vous offriez Ils/elles offraient

▷ Verbes à deux bases

Appeler

Présent	Impératif	Passé composé	Imparfait
J'appelle Tu appelles Il/elle/on appelle Nous appelons Vous appelez Ils/elles appellent	Appelle Appelez	J'ai appelé Tu as appelé Il/elle/on a appelé Nous avons appelé Vous avez appelé Ils/elles ont appelé	J'appelais Tu appelais Il/elle/on appelait Nous appelions Vous appeliez Ils/elles appelaient

Acheter

Présent	Impératif	Passé composé	Imparfait
J'achète Tu achètes Il/elle/on achète Nous achetons Vous achetez Ils/elles achètent	Achète Achetez	J'ai acheté Tu as acheté Il/elle/on a acheté Nous avons acheté Vous avez acheté Ils/elles ont acheté	J'achetais Tu achetais Il/elle/on achetait Nous achetions Vous achetiez Ils/elles achetaient

Préférer

Présent	Impératif	Passé composé	Imparfait
Je préfère Tu préfères Il/elle/on préfère Nous préférons Vous préférez Ils/elles préfèrent	Préfère Préférez	J'ai préféré Tu as préféré Il/elle/on a préféré Nous avons préféré Vous avez préféré Ils/elles ont préféré	Je préférais Tu préférais Il/elle/on préférait Nous préférions Vous préfériez Ils/elles préféraient

Payer

Présent	Impératif	Passé composé	Imparfait
Je paie Tu paies Il/elle/on paie Nous payons Vous payez Ils/elles paient	Paie Payez	J'ai payé Tu as payé Il/elle/on a payé Nous avons payé Vous avez payé Ils/elles ont payé	Je payais Tu payais Il/elle/on payait Nous payions Vous payiez Ils/elles payaient

Précis de conjugaison

Finir

Présent	Impératif	Passé composé	Imparfait
Je finis Tu finis Il/elle/on finit Nous finissons Vous finissez Ils/elles finissent	Finis Finissez	J'ai fini Tu as fini Il/elle/on a fini Nous avons fini Vous avez fini Ils/elles ont fini	Je finissais Tu finissais Il/elle/on finissait Nous finissions Vous finissiez Ils/elles finissaient

Sortir

Présent	Impératif	Passé composé	Imparfait
Je sors Tu sors Il/elle/on sort Nous sortons Vous sortez Ils/elles sortent	Sors Sortez	Je suis sorti(e) Tu es sorti(e) Il/elle/on est sorti(e) Nous sommes sorti(e)s Vous êtes sorti(e)s Ils/elles sont sorti(e)s	Je sortais Tu sortais Il/elle/on sortait Nous sortions Vous sortiez Ils/elles sortaient

Voir

Présent	Impératif	Passé composé	Imparfait
Je vois Tu vois Il/elle/on voit Nous voyons Vous voyez Ils/elles voient	Vois Voyez	J'ai vu Tu as vu Il/elle/on a vu Nous avons vu Vous avez vu Ils/elles ont vu	Je voyais Tu voyais Il/elle/on voyait Nous voyions Vous voyiez Ils/elles voyaient

▷ Verbes à trois bases

Prendre

Présent 🎧33	Impératif	Passé composé	Imparfait
Je prends Tu prends Il/elle/on prend Nous prenons Vous prenez Ils/elles prennent	Prends Prenez	J'ai pris Tu as pris Il/elle/on a pris Nous avons pris Vous avez pris Ils/elles ont pris	Je prenais Tu prenais Il/elle prenait Nous prenions Vous preniez Ils/elles prenaient

Pouvoir

Présent 🎧48	Impératif	Passé composé	Imparfait
Je peux Tu peux Il/elle/on peut Nous pouvons Vous pouvez Ils/elles peuvent		J'ai pu Tu as pu Il/elle/on a pu Nous avons pu Vous avez pu Ils/elles ont pu	Je pouvais Tu pouvais Il/elle/on pouvait Nous pouvions Vous pouviez Ils/elles pouvaient

Vouloir

Présent	Impératif	Passé composé	Imparfait
Je veux		J'ai voulu	Je voulais
Tu veux		Tu as voulu	Tu voulais
Il/elle/on veut		Il/elle/on a voulu	Il/elle/on voulait
Nous voulons		Nous avons voulu	Nous voulions
Vous voulez	Veuillez	Vous avez voulu	Vous vouliez
Ils/elles veulent		Ils/elles ont voulu	Ils/elles voulaient

Venir

Présent	Impératif	Passé composé	Imparfait
Je viens		Je suis venu(e)	Je venais
Tu viens	Viens	Tu es venu(e)	Tu venais
Il/elle/on vient		Il/elle/on est venu(e)	Il/elle/on venait
Nous venons		Nous sommes venu(e)s	Nous venions
Vous venez	Venez	Vous êtes venu(e)s	Vous veniez
Ils/elles viennent		Ils/elles sont venu(e)s	Ils/elles venaient

Boire

Présent	Impératif	Passé composé	Imparfait
Je bois		J'ai bu	Je buvais
Tu bois	Bois	Tu as bu	Tu buvais
Il/elle/on boit		Il/elle/on a bu	Il/elle/on buvait
Nous buvons		Nous avons bu	Nous buvions
Vous buvez	Buvez	Vous avez bu	Vous buviez
Ils/elles boivent		Ils/elles ont bu	Ils/elles buvaient

▷ Verbes pronominaux

Se lever

Présent	Impératif	Passé composé	Imparfait
Je me lève		Je me suis levé(e)	Je me levais
Tu te lèves	Lève-toi	Tu t'es levé(e)	Tu te levais
Il/elle/on se lève		Il/elle/on s'est levé(e)	Il/elle se levait
Nous nous levons		Nous nous sommes levé(e)s	Nous nous levions
Vous vous levez	Levez-vous	Vous vous êtes levé(e)s	Vous vous leviez
Ils/elles se lèvent		Ils/elles se sont levé(e)s	Ils/elles se levaient

Se souvenir

Présent	Impératif	Passé composé	Imparfait
Je me souviens		Je me suis souvenu(e)	Je me souvenais
Tu te souviens	Souviens-toi	Tu t'es souvenu(e)	Tu te souvenais
Il/elle/on se souvient		Il/elle/on s'est souvenu(e)	Il/elle/on se souvenait
Nous nous souvenons		Nous nous sommes souvenu(e)s	Nous nous souvenions
Vous vous souvenez	Souvenez-vous	Vous vous êtes souvenu(e)s	Vous vous souveniez
Ils/elles se souviennent		Ils/elles se sont souvenu(e)s	Ils/elles se souvenaient

Lexique

	Leçon	Allemand	Espagnol	Russe	Anglais	Portugais
addition (l')	L9	Rechnung (eine)	cuenta (una)	счет	bill (the)	conta (uma)
âge (l')	L5	Alter (das)	edad (la)	возраст	age	idade (a)
âgé(e) (adj.)	L18	alt	mayor	в возрасте	elderly	idoso(a)
agréable (adj.)	L18	angenehm	agradable	приятный	pleasant	agradável
ail (l')	L14	Knoblauch (der)	ajo (el)	чеснок	garlic	alho (o)
aimer (v.)	L17	lieben	gustar	любить	to like / to love	gostar
ajouter (v.)	L14	hinzufügen	añadir	добавить	to add	acrescentar
allemand(e) (adj.)	L6	deutsch	alemán(alemana)	немецкий(ая)	German	alemão(ã)
allô	L7	hallo	hola	алло	hello	estou sim
américain(e) (adj.)	L6	amerikanisch	estadounidense	американский(ая)	American	norte–americano(a)
amis (les)	L2	Freunde	amigos (unos)	друзья	friends	amigos (uns)
amour (l')	L19	Liebe (die)	amor (el)	любовь	love	amor (o)
année (l')	L19	Jahr (ein)	año (un)	год	year (a)	ano (um)
août	D0	August	agosto	август	August	Agosto
appeler (v.)	L7	anrufen	llamar	звонить	to call	chamar
apprendre (v.)	D0	lernen	aprender	учить	to learn	aprender
après-midi (l')	L11	Nachmittag (der)	tarde (la)	после полудня	afternoon (the)	tarde (a)
architecte (l')	L5	Architekt(in) (ein/eine)	arquitecto/a (un/una)	архитектор	architect (an)	arquitecto(a) (um/uma)
arobase (l')	L7	at	arroba	символ @	@ symbol	arroba
au revoir	L3	Auf Wiedersehen	adiós	до свидания	goodbye	adeus
automne (l')	D0	Herbst (der)	otoño (el)	осень	autumn	Outono (o)
avenue (l')	L10	Allee (eine)	avenida (una)	авеню	avenue (an)	avenida (uma)
avion (l')	L22	Flugzeug (ein)	avión (un)	самолет	airplane (an)	avião (um)
avril	D0	April	abril	апрель	April	Abril
baignade (la)	L22	Baden (das)	baño (el)	купание	swimming	banho (o)
banane (la)	L15	Banane (eine)	plátano (un)	банан	banana (a)	banana (uma)
bar (le)	L2	Bar (eine)	bar (un)	бар	bar (a)	bar (um)
bateau (le)	L10	Schiff (ein)	barco (un)	корабль	boat (a)	barco (um)
beau (belle) (adj.)	L18	schön	bonito/a	красивый(ая)	handsome/beautiful	bonito(a)
beaucoup (adv.)	L14	viel	mucho	много	many	muito
belge (adj.)	L6	belgisch	belga	бельгийский(ая)	Belgian	belga
besoin (le)	L23	Bedarf (ein)	necesidad (una)	необходимость	need (a)	necessidade (uma)
bête (adj.)	L18	dumm	tonto/a	глупый	silly	parvo(a)
blanc (blanche) (adj.)	L18	weiß	blanco/a	белый(ая)	white	branco(a)
blond(e) (adj.)	L18	blond	rubio/a	блондин(ка)	blonde	loiro(a)
boire (v.)	L17	trinken	beber	пить	to drink	beber
boisson (la)	L9	Getränk (ein)	bebida (una)	напиток	drink (a)	bebida (uma)
bonjour	L1	Guten Tag	buenos días	добрый день	hello	bom dia
bonsoir	L1	Guten Abend	buenas tardes	добрый вечер	good evening	boa noite
boucherie (la)	L15	Metzgerei (eine)	carnicería (una)	мясная лавка	butcher shop (a)	talho (um)
boulangerie (la)	L2	Bäckerei (eine)	panadería (una)	пекарня	bakery (a)	padaria (uma)
bouteille (la)	L14	Flasche (eine)	botella (una)	бутылка	bottle (a)	garrafa (uma)
bras (le)	L18	Arm (ein)	brazo (un)	рука	arm (an)	braço (um)
brésilien(e) (adj.)	L6	brasilianisch	brasileño/a	бразильский(ая)	Brazilian	brasileiro(a)
bronzer (v.)	L10	bräunen	tomar el sol	загорать	to tan	bronzear
brun(e) (adj.)	L18	brünett	moreno/a	коричневый(ая)	brown-haired	moreno(a)
café (le)	L2	Café (ein)	cafetería (una)	кофе	cafe (a)	café (um)

	Leçon	Allemand	Espagnol	Russe	Anglais	Portugais
campagne (la)	L22	Land (das)	campo (el)	деревня	countryside (the)	campo (o)
camping (le)	L22	Campingplatz (der)	camping (el)	кемпинг	campsite (the)	campismo (o)
carafe (la)	L9	Karaffe (eine)	jarra (una)	графин	carafe (a)	jarro (um)
carotte (la)	L15	Karotte (eine)	zanahoria (una)	морковь	carrot (a)	cenoura (uma)
carte (la)	L9	Karte (eine)	carta (una)	меню	menu (a)	lista (uma)
célibataire (adj.)	L5	Single	soltero/a	не женат/не замужем	single	solteiro(a)
châtain (adj.)	L18	kastanienbraun	castaño	шатен	light brown-haired	castanho(a)
chaussure (la)	L13	Schuh (ein)	zapato (un)	обувь	shoe (a)	sapato (um)
chemise (la)	L13	Hemd (ein)	camisa (una)	рубашка	shirt (a)	camisa (uma)
chèque (le)	L13	Scheck (ein)	cheque (un)	чек	cheque (a)	cheque (um)
cheveux (les)	L18	Haare (die)	cabello (el)	волосы	hair	cabelos (os)
chocolat (le)	L9	Schokolade (die)	chocolate (el)	шоколад	chocolate	chocolate (o)
chronologie (la)	L22	Chronologie (die)	cronología (la)	хронология	chronology	cronologia (a)
cinéma (le)	L11	Kino (das)	cine (el)	кино	cinema (the)	cinema (o)
client (le)	L13	Kunde (ein)	cliente (un)	клиент	customer (a)	cliente (um)
cocotte (la)	L14	Topf (ein)	olla (una)	кастрюля	casserole dish (a)	panela de pressão (uma)
comédie (la)	L17	Komödie (eine)	comedia (una)	комедия	comedy (a)	comédia (uma)
commander (v.)	L9	bestellen	pedir	заказывать	to order	encomendar
commentaire (le)	L17	Kommentar (ein)	comentario (un)	комментарий	comment (a)	comentário (um)
compléter (v.)	L23	vervollständigen	completar	дополнять	to complete	completar
comprendre (v.)	D0	verstehen	entender	понимать	to understand	perceber
conseil (le)	L23	Ratschlag (ein)	consejo (un)	совет	piece of advice (a)	conselho (um)
contact (le)	L7	Kontakt (der)	contacto (el)	связь	contact	contacto (o)
contacter (v.)	L7	kontaktieren	contactar	связываться	to contact	contactar
coordonnées (les)	L7	Kontaktdaten (die)	datos (los)	данные	contact information	dados de contacto (os)
corps (le)	L18	Körper (der)	cuerpo (el)	тело	body (the)	corpo (o)
coucou	L1	hallo	hola	ку-ку	hi there	oi
couper (v.)	L14	schneiden	cortar	резать	to cut	cortar
courageux(euse) (adj.)	L18	mutig	valiente	смелый	brave	corajoso(a)
courgette (la)	L14	Zucchini (eine)	calabacín (un)	кабачок	courgette (a)	curgete (uma)
courriel (le)	L7	E-Mail (eine)	correo (un)	электронная почта	email (an)	correio electrónico (um)
cours (le)	L21	Unterricht (ein)	clase (una)	занятие	class (a)	aula (uma)
courses (les)	L14	Einkauf (der)	compras (las)	покупки	food shopping	compras (as)
cravate (la)	L13	Krawatte (eine)	corbata (una)	галстук	tie (a)	gravata (uma)
cuillère (la)	L14	Löffel (ein)	cuchara (una)	ложка	spoon (a)	colher (uma)
cuire (v.)	L14	kochen	cocer	готовить	to cook	cozer
cuisine (la)	L14	Kochen (das)	cocina (la)	кухня	cooking (the)	cozinhar
cuisson (la)	L14	Backen (die)	cocción (la)	варка	cooking technique	cozedura (a)
d'abord (adv.)	L19	zuerst	primero	сначала	first	antes de mais
date (la)	L6	Datum (ein)	fecha (una)	дата	date	data (uma)
décembre	D0	Dezember	diciembre	декабрь	December	Dezembro
découvrir (v.)	L10	entdecken	descubrir	узнавать	to discover	descobrir
décrire (v.)	L18	beschreiben	describir	описывать	to describe	descrever
déjeuner (le)	L9	Mittagessen (das)	comida (la)	обед	lunch	almoço (o)
désagréable (adj.)	L18	unangenehm	desagradable	неприятный	unpleasant	desagradável

Lexique

	Leçon	Allemand	Espagnol	Russe	Anglais	Portugais
description (la)	L18	Beschreibung (die)	descripción (la)	описание	description	descrição (a)
dessert (le)	L9	Nachtisch (ein)	postre (un)	десерт	dessert (a)	sobremesa (uma)
devoir (v.)	L23	müssen	deber	быть должным	to have to	dever
dictionnaire (le)	L2	Wörterbuch (ein)	diccionario (un)	словарь	dictionary (a)	dicionário (um)
dimanche	D0	Sonntag	domingo	воскресенье	Sunday	domingo
dîner (le)	L9	Abendessen (das)	cena (la)	ужин	dinner	jantar (o)
discipline (la)	L21	Schulfach (das)	asignatura (una)	дисциплина	subject (a)	disciplina (uma)
drame (le)	L17	Drama (ein)	drama (un)	драма	drama (a)	drama (um)
durée (la)	L21	Dauer (die)	duración (la)	длительность	length	duração (a)
eau (l')	L9	Wasser (das)	agua (el)	вода	water	água (a)
écouter (v.)	L10	zuhören	escuchar	слушать	to listen	escutar
écrire (v.)	D0	schreiben	escribir	писать	to write	escrever
élégant(e) (adj.)	L18	elegant	elegante	элегантный(ая)	elegant	elegante
enchanté(e) (adj.)	L1	angenehm	encantado/a	очень приятно	nice to meet you	encantado(a)
enfants (les)	L5	Kinder (die)	niños (los)	дети	children	crianças (as)
enfin (adv.)	L19	schließlich	por último	наконец	finally	por fim
ennuyeux(euse) (adj.)	L17	langweilig	aburrido/a	скучный	boring	maçador(a)
entrée (l')	L9	Vorspeise (eine)	entrada (una)	вход	starter (a)	entrada (uma)
envoyer (v.)	L23	schicken	enviar	отправить	to send	enviar
éplucher (v.)	L14	schälen	pelar	чистить	to peel	descascar
escargot (l')	L9	Schnecke (eine)	caracol (un)	улитка	snail (a)	caracol (um)
espagnol(e) (adj.)	L6	spanisch	español/a	испанский(ая)	Spanish	espanhol(a)
essayer (v.)	L13	probieren	intentar	мерить	to try	experimentar
été (l')	D0	Sommer (der)	verano (el)	лето	summer	Verão (o)
études (les)	L21	Studium (das)	estudios (los)	учеба	studies	estudos (os)
étudiant(e) (l')	L5	Student(in) (ein/eine)	estudiante (un/a)	студент(ка)	student (a)	estudante (um/uma)
événement (l')	L21	Ereignis (ein)	evento (un)	событие	event (an)	acontecimento (um)
examen (l')	L21	Prüfung (eine)	examen (un)	экзамен	exam (an)	exame (um)
faculté (la)	L21	Fakultät (die)	facultad (la)	факультет	university	faculdade (a)
famille (la)	L5	Familie (die)	familia (la)	семья	family	família (a)
femme (la)	L5	Ehefrau (die)	mujer (la)	жена	wife	mulher (a)
fesses (les)	L18	Po (der)	glúteos (los)	ягодицы	buttocks	nádegas (as)
fête (la)	L10	Party (eine)	fiesta (una)	праздник	party (a)	festa (uma)
février	D0	Februar	febrero	февраль	February	Fevereiro
fille (la)	L5	Tochter (die)	hija (la)	дочь	daughter	filha (a)
film (le)	L11	Film (ein)	película (una)	фильм	film (a)	filme (um)
fils (le)	L5	Sohn (der)	hijo (el)	сын	son	filho (o)
fixe (le)	L7	Festnetztelefon (ein)	fijo (un)	домашний телефон	landline (a)	telefone fixo (um)
fleuve (le)	L10	Fluss (ein)	río (un)	река	river (a)	rio (um)
formulaire (le)	L23	Formular (ein)	formulario (un)	анкета	form (a)	formulário (um)
four (le)	L14	Ofen (ein)	horno (un)	печь	oven (an)	forno (um)
fraise (la)	L15	Erdbeere (eine)	fresa (una)	клубника	strawberry (a)	morango (um)
français(e) (adj.)	L6	französisch	francés/francesa	французский(ая)	French	francês(esa)
fréquence (la)	L22	Häufigkeit (die)	frecuencia (la)	частота	frequency	frequência (a)
frère (le)	L5	Bruder (der)	hermano (el)	брат	brother	irmão (o)
frite (la)	L9	Pommes (eine)	patata frita (una)	картофель фри	chip (a)	batata frita (uma)
fromager (le)	L15	Käser (ein)	quesero (un)	сыровар	cheesemonger (a)	queijeiro (um)

	Leçon	Allemand	Espagnol	Russe	Anglais	Portugais
gîte (le)	L22	Ferienhaus (ein)	casa rural (una)	горный отель	bed / lodging	casa rural (uma)
gousse (la)	L14	Zehe (eine)	diente (un)	зубчик	clove (a)	dente (um)
goût (le)	L17	Geschmack (der)	gusto (el)	вкус	taste	paladar (o)
gramme (le)	L14	Gramm	gramo	грамм	gram	grama
grand(e) (adj.)	L18	groß	grande	большой(ая)	tall	grande
gris(e) (adj.)	L18	grau	gris	серый(ая)	gray	cinzento(a)
haricot vert (le)	L15	grüne Bohne (eine)	judía verde (una)	стручковая фасоль	string bean (a)	feijão verde (um)
hébergement (l')	L22	Unterkunft (die)	alojamiento (el)	жилье	accommodation	alojamento (o)
herbe (l')	L14	Kraut (ein)	hierba (una)	приправа	herb (an)	erva aromática (uma)
heureux(euse) (adj.)	L18	glücklich	feliz	счастливый(ая)	happy	feliz
histoire (l')	L19	Geschichte (eine)	historia (una)	история	story (a)	história (uma)
hiver (l')	D0	Winter (der)	invierno (el)	зима	winter	Inverno (o)
hôpital (l')	L2	Krankenhaus (ein)	hospital (un)	больница	hospital (a)	hospital (um)
hôtel (l')	L22	Hotel (das)	hotel (el)	отель	hotel (a)	hotel (o)
identité (l')	L7	Identität (die)	identidad (la)	личность	identity	identidade (a)
il faut	L23	man muss	hay que	необходимо	You must	é preciso
ingénieur(e) (l')	L5	Ingenieur(in) (ein/ eine)	ingeniero/a (un/a)	инженер	engineer (an)	engenheiro(a) (um/ uma)
ingrédient (l')	L14	Zutat (eine)	ingrediente (un)	ингредиент	ingredient (an)	ingrediente (um)
inscription (l')	L23	Einschreibung (eine)	inscripción (una)	запись	enrolment	inscrição (uma)
instruction (l')	L23	Anweisung (eine)	instrucción (una)	образование	instructions	instrução (uma)
intelligent(e) (adj.)	L18	intelligent	inteligente	умный(ая)	intelligent	inteligente
intensité (l')	L13	Intensität (die)	intensidad (la)	интенсивность	intensity	intensidade (a)
italien(ne) (adj.)	L6	italienisch	italiano/a	итальянский(ая)	Italian	italiano(a)
jambe (la)	L18	Bein (ein)	pierna (una)	нога	leg (a)	perna (uma)
janvier	D0	Januar	enero	январь	January	Janeiro
japonais(e) (adj.)	L6	japanisch	japonés/japonesa	японский(ая)	Japanese	japonês(esa)
jardin (le)	L10	Garten (ein)	jardín (un)	сад	garden (a)	jardim (um)
jean (le)	L13	Jeans (eine)	vaqueros (unos)	джинсы	jeans	calças de ganga (umas)
jeudi	D0	Donnerstag	jueves	четверг	Thursday	quinta-feira
jeune (adj.)	L18	jung	joven	молодой(ая)	young	jovem
journaliste (le/la)	L5	Journalist(in) (ein/e)	periodista (un/a)	журналист	journalist (a)	jornalista (um/ uma)
joyeux(euse) (adj.)	L18	fröhlich	alegre	веселый(ая)	joyful	alegre
juillet	D0	Juli	julio	июль	July	Julho
juin	D0	Juni	junio	июнь	June	Junho
jus de fruit (le)	L9	Fruchtsaft (der)	zumo de fruta (el)	фруктовый сок	fruit juice	sumo de fruta (o)
kilo (le)	L14	Kilo	kilo	килограмм	kilo	quilo
laid(e) (adj.)	L18	hässlich	feo/a	некрасивый(ая)	ugly	feio(a)
lait (le)	L15	Milch (die)	leche (la)	молоко	milk	leite (o)
langue (la)	L2	Sprache (eine)	idioma (un)	язык	language (a)	idioma (um)
Licence (la)	L21	Bachelor (ein)	licenciatura (una)	бакалавр	Bachelor's degree (a)	Licenciatura (uma)
liquide (le)	L13	bar	efectivo	жидкость	cash	numerário
location (la)	L22	Mietunterkunft (eine)	alquiler (una)	аренда	rental (a)	aluguer (um)
loisir (le)	L17	Freizeitaktivität (eine)	ocio (un)	досуг	leisure activity (a)	lazer (um)
lundi	D0	Montag	lunes	понедельник	Monday	segunda-feira

Lexique

	Leçon	Allemand	Espagnol	Russe	Anglais	Portugais
lycée (le)	L21	Gymnasium (das)	instituto (el)	лицей	secondary school	liceu (o)
magasin (le)	L13	Geschäft (ein)	tienda (una)	магазин	shop (a)	loja (uma)
mai	D0	Mai	mayo	май	May	Maio
mail (le)	L7	E-Mail (eine)	email (un)	e-mail	email (an)	e-mail (um)
main (la)	L18	Hand (eine)	mano (una)	рука	hand (a)	mão (uma)
marche (la)	L22	Laufen (das)	marcha (la)	ходьба	walking	caminhada (a)
marché (le)	L15	Markt (der)	mercado (el)	рынок	market	mercado (o)
marcher (v.)	L22	laufen	caminar	ходить	to walk	caminhar
mardi	D0	Dienstag	martes	вторник	Tuesday	terça-feira
mari (le)	L5	Ehemann (der)	marido (el)	муж	husband	marido (o)
marié(e) (avec) (adj.)	L5	verheiratet (mit)	casado/a (con)	женат/замужем (за)	married (to)	casado(a) (com)
mars	D0	März	marzo	март	March	Março
Master (le)	L21	Master (ein)	máster (un)	магистратура	Master's degree (a)	Mestrado (um)
matière (la)	L21	Fach (ein)	asignatura (una)	предмет	subject (a)	matéria (uma)
matin (le)	L11	Morgen (der)	mañana (la)	утро	morning (the)	manhã (a)
médecin (le/la)	L5	Arzt/Ärztin (ein/eine)	médico (un/a)	врач	doctor (a)	médico(a) (um/uma)
menu (le)	L9	Menü (ein)	menú (un)	меню	set menu (a)	menu (um)
mer (la)	L22	Meer (das)	mar (el)	море	sea (the)	mar (o)
merci	L3	danke	gracias	спасибо	thank you	obrigado(a)
mercredi	D0	Mittwoch	miércoles	среда	Wednesday	quarta-feira
mère (la)	L5	Mutter (die)	madre (la)	мать	mother	mãe (a)
météo (la)	L10	Wetter (das)	tiempo (el)	погода	weather forecast (the)	tempo (o)
mexicain(e) (adj.)	L6	mexikanisch	mexicano/a	мексиканский(ая)	Mexican	mexicano(a)
mince (adj.)	L18	dünn	delgado/a	худой	thin	elegante
modeste (adj.)	L18	bescheiden	modesto/a	скромный	modest	modesto(a)
mois (le)	L19	Monat (ein)	mes (un)	месяц	month (a)	mês (um)
montagne (la)	L22	Berg (der)	montaña (la)	гора	mountain	montanha (a)
morceau (le)	L14	Stück (ein)	trozo (un)	кусок	piece (a)	pedaço (um)
moule (le)	L14	Form (eine)	molde (un)	форма	pan (a)	forma (uma)
mousse (la)	L9	Schaum (ein)	mousse (una)	пена	mousse	mousse (uma)
moyen de transport (le)	L22	Verkehrsmittel (ein)	medio de transporte (un)	вид транспорта	means of transport	meio de transporte (um)
moyenne (la)	L21	Schnitt (der)	media (la)	средний балл	average (the)	média (a)
musée (le)	L10	Museum (ein)	museo (un)	музей	museum (a)	museu (um)
musique (la)	L10	Musik (die)	música (la)	музыка	music	música (a)
nationalité (la)	L6	Nationalität (die)	nacionalidad (la)	гражданство	nationality	nacionalidade (a)
négatif(ve) (adj.)	L17	negativ	negativo/a	отрицательный(ая)	negative	negativo(a)
niveau (le)	L21	Stufe (die)	nivel (el)	уровень	level	nível (o)
nom (le)	L1	Name (der)	apellido (el)	имя	name	apelido (o)
noter (v.)	L23	notieren	anotar	записывать	to note	apontar
novembre	D0	November	noviembre	ноябрь	November	Novembro
nuit (la)	L11	Nacht (die)	noche (la)	ночь	night	noite (a)
numéro (la)	L7	Nummer (eine)	número (un)	номер	number	número (um)
octobre	D0	Oktober	octubre	октябрь	October	Outubro
œil (l') (yeux)	L18	Auge (ein)	ojo (un) (ojos)	глаз(а)	eye (an) (eyes)	olho (s) (umos)
œuf (l')	L15	Ei (ein)	huevo (un)	яйцо	egg (an)	ovo (um)
oignon (l')	L14	Zwiebel (eine)	cebolla (una)	лук	onion (an)	cebola (uma)

	Leçon	Allemand	Espagnol	Russe	Anglais	Portugais
orange (l')	L15	Orange (eine)	naranja (una)	апельсин	orange (an)	laranja (uma)
pain (le)	L15	Brot (das)	pan (el)	хлеб	bread	pão (o)
pantalon (un)	L13	Hose (eine)	pantalón (un)	брюки	trousers	calças (umas)
passer un examen (v.)	L21	eine Prüfung ablegen	hacer un examen	сдать экзамен	to take an exam	ter um exame
pâtisserie (la)	L2	Konditorei (eine)	pastelería (una)	кондитерская	Pastry shop (a)	pastelaria (uma)
payer (v.)	L13	zahlen	pagar	платить	to pay	pagar
père (le)	L5	Vater (der)	padre (el)	отец	father	pai (o)
petit(e) (adj.)	L18	klein	pequeño/a	маленький(ая)	small	pequeno(a)
pharmacie (la)	L2	Apotheke (eine)	farmacia (una)	аптека	pharmacy (a)	farmácia (uma)
philippin(e) (adj.)	L6	philippinisch	filipino/a	филиппинский(ая)	Filipino (Filipina)	filipino(a)
photographe (le/la)	L5	Fotograf(in) (ein/eine)	fotógrafo/a (un/a)	фотография	photograph (a)	fotógrafo(a) (um/uma)
pied (le)	L18	Fuß (ein)	pie (un)	нога	foot	pé (um)
pique-niquer (v.)	L10	picknicken	hacer picnic	пикник	to have a picnic	fazer um piquenique
place (la)	L10	Platz (ein)	plaza (una)	площадь	square (a)	lugar (um)
plat (le)	L9	Gericht (ein)	plato (un)	блюдо	dish (a)	prato (um)
pleuvoir (v.)	L10	regnen	llover	идет дождь	to rain	chover
poêle (la)	L14	Pfanne (eine)	sartén (una)	сковорода	pan (a)	sertã (uma)
point (le)	L2	Punkt (ein)	punto (un)	точка	full stop (a)	ponto (um)
point d'exclamation (le)	L2	Ausrufezeichen (ein)	signo de exclamación (un)	восклицательный знак	exclamation mark (an)	ponto de exclamação (um)
point d'interrogation (le)	L2	Fragezeichen (ein)	signo de interrogación (un)	вопросительный знак	question mark (a)	ponto de interrogação (um)
poireau (le)	L15	Lauch (der)	puerro (un)	лук-порей	leek (a)	alho-francês (um)
poisson (le)	L9	Fisch (ein)	pescado (un)	рыба	fish (a)	peixe (um)
poissonnerie (la)	L15	Fischgeschäft (ein)	pescadería (una)	рыбный рынок	fishmonger's (a)	peixaria (uma)
poitrine (la)	L18	Brust (eine)	pecho (un)	грудь	chest	peito (um)
politesse (la)	L3	Höflichkeit (die)	educación (la)	вежливость	manners	boa educação (a)
polonais(e) (adj.)	L6	polnisch	polaco/a	польский(ая)	Polish	polaco(a)
pomme (la)	L9	Apfel (ein)	manzana (una)	яблоко	apple (an)	maçã (uma)
pomme de terre (la)	L15	Kartoffel (eine)	patata (una)	картофель	potato (a)	batata (uma)
ponctuation (la)	L2	Zeichensetzung (die)	puntuación (la)	пунктуация	punctuation	pontuação (a)
pont (le)	L10	Brücke (eine)	puente (un)	мост	bridge (a)	ponte (uma)
portable (le)	L7	Handy (ein)	móvil (un)	сотовый	mobile phone (a)	telemóvel (um)
porter (v.)	L13	tragen	llevar	носить	to wear	usar
positif(ve) (adj.)	L17	positiv	positivo	позитивный(ая)	positive	positivo(a)
Poste (la)	L23	Post (die)	Correos	почта	Post office (the)	correios (os)
potiron (le)	L15	Kürbis (der)	calabaza (una)	тыква	pumpkin	abóbora (a)
poulet (le)	L9	Huhn (das)	pollo (el)	курица	chicken	frango (o)
préférer (v.)	L17	bevorzugen	preferir	предпочитать	to prefer	preferir
prénom (le)	L1	Vorname (der)	nombre (el)	имя	first name	nome (o)
primeur (le)	L15	Obst- und Gemüsehändler (der)	frutero (un)	продавец фруктов	greengrocer (a)	loja de frutas e legumes (uma)
printemps (le)	D0	Frühling (der)	primavera (la)	весна	spring	Primavera (a)
professeur(e) (le/la)	L5	Lehrer(in) (der/die)	profesor/a (un/una)	преподаватель (ница)	teacher / professor (a)	professor(a) (um/uma)
profession (la)	L5	Beruf (der)	profesión (la)	профессия	profession	profissão (a)

Lexique

	Leçon	Allemand	Espagnol	Russe	Anglais	Portugais
promenade (la)	L10	Spaziergang (ein)	paseo (un)	прогулка	walk (a)	passeio (um)
puis (adv.)	L19	dann	después	затем	then	em seguida
quai (le)	L10	Kai (ein)	muelle (un)	набережная	embankment (an)	cais (um)
quantité (la)	L14	Menge (die)	cantidad (la)	количество	quantity	quantidade (a)
raisin (le)	L15	Traube (die)	uva (la)	виноград	grape	uvas (as)
rater (v.)	L21	nicht bestehen	suspender	упустить	to fail	chumbar
regarder (v.)	L10	ansehen	mirar	смотреть	to watch / to look	olhar
relation (la)	L19	Beziehung (eine)	relación (una)	отношения	relative (a)	relação (uma)
relevé de notes (le)	L21	Zeugnis (ein)	boletín de notas (un)	табель успеваемости	transcript of results (a)	caderneta escolar (uma)
remplir (v.)	L23	ausfüllen	rellenar	заполнить	to fill up	preencher
rendez-vous (le)	L2	Treffen (ein)	cita (una)	встреча	meeting (a)	encontro (um)
restaurant (le)	L2	Restaurant (ein)	restaurante (un)	ресторан	restaurant (a)	restaurante (um)
restauration (la)	L9	Gastronomie (die)	restauración (la)	ресторанное дело	restaurant industry (the)	restauração (a)
retrouver (v.)	L10	finden	encontrar	найти	to meet	encontrar
réussir (v.)	L21	gelingen	lograr	удаваться	to succeed	conseguir
réviser (v.)	L21	lernen	revisar	повторять	to revise	estudar
rive (la)	L10	Ufer (ein)	ribera (una)	берег	bank (a)	margem (uma)
robe (la)	L13	Kleid (ein)	vestido (un)	платье	dress (a)	vestido (um)
rond(e) (adj.)	L18	rund	redondo/a	круглый(ая)	round	redondo(a)
rue (la)	L10	Straße (eine)	calle (una)	улица	street (a)	rua (uma)
s'il vous plaît	L3	bitte	por favor	пожалуйста	please	por favor
s'aimer (v.)	L19	sich lieben	quererse	любить друг друга	to love each other	amar-se
salade (la)	L9	Salat (ein)	ensalada (una)	салат	salad (a)	salada (uma)
salut	L1	hallo	hola	привет	hey	olá
samedi	D0	Samstag	sábado	суббота	Saturday	sábado
s'appeler (v.)	L1	heißen	llamarse	звонить друг другу	to call one another	ligar
saumon (le)	L9	Lachs (ein)	salmón (un)	лосось	salmon	salmão (um)
se baigner (v.)	L22	baden	bañarse	купаться	to swim	tomar banho
se coucher (v.)	L17	schlafen gehen	acostarse	ложиться спать	to go to bed	deitar-se
se lever (v.)	L17	aufstehen	levantarse	вставать	to get up	levantar-se
se marier (v.)	L19	heiraten	casarse	жениться/ выходить замуж	to get married	casar-se
se présenter (v.)	L5	sich vorstellen	presentarse	представляться	to introduce yourself	apresentar-se
se promener (v.)	L17	spazieren gehen	pasearse	гулять	to take a walk	passear
se quitter (v.)	L19	sich trennen	separarse	расставаться	to part ways	deixar
se rencontrer (v.)	L19	sich kennenlernen	conocerse	встретиться	to meet	conhecer
se retrouver (v.)	L19	sich treffen	reunirse	встречаться	to meet up	encontrar-se
séance (la)	L17	Vorstellung (eine)	sesión (una)	сеанс	showing (a)	sessão (uma)
secrétaire (le/la)	L5	Sekretär(in) (ein/ eine)	secretario (un/a)	секретарь	secretary (a)	secretário(a) (um/ uma)
semestre (le)	L21	Semester (ein)	semestre (un)	семестр	semester (a)	semestre (um)
septembre	D0	September	septiembre	сентябрь	September	Setembro
sérieux(euse) (adj.)	L18	ernst	serio/a	серьезный(ая)	serious	sério(a)
serveur(euse) (le/la)	L9	Bedienung (eine)	camarero/a (un/a)	официант(ка)	waiter / waitress	empregado(a) de mesa (um/uma)
servir (v.)	L14	bedienen	servir	подавать	to serve	servir

	Leçon	Allemand	Espagnol	Russe	Anglais	Portugais
signature (la)	L23	Unterschrift (die)	firma (la)	подпись	signature	assinatura (a)
signer (v.)	L23	unterschreiben	firmar	подписывать	to sign	assinar
s'inscrire (v.)	L23	sich einschreiben	matricularse	записываться	to enrol	inscrever-se
sœur (la)	L5	Schwester (die)	hermana (la)	сестра	sister	irmã (a)
soir (le)	L11	Abend (der)	noche (la)	вечер	evening	fim da tarde (o)
sortie (la)	L11	Ausflug (ein)	salida (una)	выход	exit (an)	saída (uma)
souvenir (le)	L22	Erinnerung (eine)	recuerdo (un)	воспоминание	memory (a)	lembrança (uma)
steak (le)	L9	Steak (ein)	filete (un)	стейк	steak (a)	bife (um)
stupide (adj.)	L18	dumm	estúpido	глупый	stupid	estúpido(a)
suisse (adj.)	L6	Schweizer	suizo/a	швейцарский(ая)	Swiss	suíço(a)
suivre (v.)	L21	belegen	cursar	ходить	to take	assistir
surprise (la)	L21	Überraschung (die)	sorpresa (la)	сюрприз	surprise	surpresa (a)
sympa(thique) (adj.)	L17	nett	simpático/a	симпатичный(ая)	nice	simpático(a)
taille (la)	L13	Größe (die)	talla (la)	размер	size	tamanho (o)
tarte (la)	L9	Kuchen (ein)	tarta (una)	пирог	tart (a)	tarte (uma)
téléphone (le)	L7	Telefon (ein)	teléfono (un)	телефон	telephone (a)	telefone (um)
téléphoner (v.)	L7	telefonieren	llamar por teléfono	звонить	to call	telefonar
temps (le)	L19	Zeit (die)	tiempo (el)	время	weather (the)	tempo (o)
tête (la)	L18	Kopf (der)	cabeza (la)	голова	head	cabeça (a)
théâtre (le)	L11	Theater (das)	teatro (el)	театр	theatre	teatro (o)
tomate (la)	L14	Tomate (die)	tomate (un)	помидор	tomato (a)	tomate (um)
train (le)	L22	Zug (der)	tren (el)	поезд	train	comboio (o)
travailler (v.)	L21	arbeiten	trabajar	работать	to work	trabalhar
très (adv.)	L13	sehr	muy	очень	very	muito
triste (adj.)	L18	traurig	triste	грустный	sad	triste
trop (adv.)	L13	zu	demasiado	слишком	too much	demasiado
un peu (adv.)	L13	ein bisschen	un poco	немного	a little	um pouco
ustensile (l')	L14	Utensil (ein)	utensilio (un)	прибор	utensil (a)	utensílio (um)
vélo (le)	L22	Fahrrad (ein)	bicicleta (una)	велосипед	bike (a)	bicicleta (uma)
vendeur(euse) (le/la)	L13	Verkäufer(in) (ein/eine)	dependiente/a (un/a)	продавец	salesperson (a)	vendedor(a) (um/uma)
vendredi	D0	Freitag	viernes	пятница	Friday	sexta-feira
ventre (le)	L18	Bauch (der)	vientre (el)	живот	stomach	barriga (a)
verre (le)	L14	Glas (ein)	vaso (un)	стакан	glass (a)	copo (um)
verser (v.)	L14	eingießen	derramar	пролить	to pour	servir
veste (la)	L13	Jacke (eine)	chaqueta (una)	куртка	jacket (a)	casaco (um)
vêtement (le)	L13	Kleidungsstück (ein)	prenda (una)	одежда	piece of clothing (a)	peça de roupa (uma)
viande (la)	L9	Fleisch (das)	carne (la)	мясо	meat	carne (a)
ville (la)	L10	Stadt (eine)	ciudad (una)	город	city (a)	cidade (uma)
vin (le)	L9	Wein (der)	vino (el)	вино	wine	vinho (o)
virgule (la)	L2	Komma (ein)	coma (una)	запятая	comma (a)	vírgula (uma)
visiter (v.)	L11	besuchen	visitar	наносить визит	to visit	visitar
voir (v.)	L11	sehen	ver	видеть	to see	ver
voiture (la)	L22	Auto (ein)	coche (un)	машина	car (a)	carro (um)

Transcriptions des

___ Dossier 0 : Moteur ! ___

Vidéo 1 *Nantes*, **activités 2 et 3, page 8**
original, art, excitant, top, transport, sport, moderne, nuit, écologie, nature, tendance

Piste n° 2, activité 1, page 10
une table ; **a** une chaise – **b** un tableau – **c** un tableau numérique interactif – **d** un ordinateur

Piste n° 3, activité 2, page 10
un livre ; **a** un cahier d'activités – un cahier – un stylo – un téléphone portable
b un cahier – un téléphone portable – un stylo – un cahier d'activités
c un stylo – un cahier d'activités – un téléphone portable – un cahier

___ Dossier 1 : Bonjour ! ___

Leçon 1 | **Bienvenue !**

Vidéo 2 *Bienvenue !*, **activités 1, 2 et 3, pages 16-17**
Françoise Le Tallec : Bonjour.
Laurent Bonomi : Bonjour. Je m'appelle Laurent Bonomi.
Simon Le Tallec : Bonjour.
Louise Le Tallec : Coucou !
Hugo Le Tallec : Salut ! Moi, c'est Hugo.
Nathalie Bonomi : Bonsoir, enchantée.
Juliette Bonomi : Bonsoir, je m'appelle Juliette.
Famille Le Tallec : Bonsoir.
Simon Le Tallec : Oh, pardon. Bonsoir à tous !
Famille Bonomi : Bonsoir.
Juliette Bonomi : Bienvenue.

Leçon 2 | **Les mots à lire**

Piste n° 8, activité 4, page 19
[a]: *a, h, k*
[e]: b, c, d, g, p, t, v, w
[ɛ]: f, l, m, n, r, s, y, z
[i]: i, j, x, y
[y]: u, q
[o]: o
[ə]: e

Piste n° 9, activité 5, page 19
Catherine **a** Juliette – **b** Charlotte – **c** Marie – **d** Baptiste – **e** Frédéric – **f** Paul – **g** Sophie – **h** Olivier – **i** Gérard – **j** Nicolas – **k** Amélie

Leçon 3 | **Les mots à écouter**

Piste n° 10, activité 1, page 20
Dialogue 1
La vendeuse : Bonjour madame.
La cliente : Bonjour, une baguette s'il vous plaît.
La vendeuse : Voilà, un euro, s'il vous plaît.
La vendeuse : Merci.
La cliente : Au revoir.
La vendeuse : Au revoir madame, bonne journée.
Dialogue 2
Le client : Bonjour, comment allez-vous ?
Le barman : Ça va et vous ? Un café ?
Le client : Oui, s'il vous plaît.
Le client : Merci.
Le barman : Merci.
le client : Au revoir, à demain.
Le barman : Au revoir, bonne journée.
Dialogue 3
Le père : Salut, ça va ?
La fille : Salut, ouais, ça va.
Le père : Tu as des exercices pour demain ?
La fille : Pfff... Oui !

Piste n° 11, activité 2, page 20
a un café – **b** une baguette – **c** des exercices

Piste n° 12, activité 3, page 21
une journée → féminin ; **a** un café – **b** une baguette – **c** un exercice – **d** une boulangerie – **e** un euro – **f** une saison

Piste n° 13, activité 4, page 21
des journées → pluriel ; **a** des exercices – **b** une boulangerie – **c** des euros – **d** des baguettes – **e** des cafés – **f** un livre

vidéos et des audios

Entraînement

Piste n° 16, activité 1, page 24

Salut, moi, c'est Marie ; a Bonjour, je m'appelle François. – b Coucou, moi, c'est Louise. – c Bonsoir, moi, je m'appelle Jean.

Piste n° 17, activité 4, page 24

huit ; a dix-huit – b trente – c quarante-cinq – d quatre-vingt-douze – e vingt-six – f quatre-vingt-un – g quatorze – h soixante-seize – i cinquante et un – j soixante-quatre

Piste n° 18, activité 5, page 24

-e-u / d-i ; a m-a-r / d-i – b s-a / m-e / d-i – c l-u-n / d-i – d d-i / m-a-n / c-h-e – e v-e-n / d-r-e / d-i – f m-e-r / c-r-e / d-i

Dossier 2 : Identités

Leçon 5 | Moi, je suis...

Vidéo 3 Moi, je suis... activités 1 et 2, page 28

Le livreur de pizza : Bonsoir monsieur !
Laurent Bonomi : Oui... ?
Le livreur de pizza : Monsieur Le Tallec ?
Louise Le Tallec : Et les pizzas ? J'ai faim !
Laurent Bonomi : Je ne suis pas Simon Le Tallec.
Simon Le Tallec : C'est moi. Je suis Simon Le Tallec. Je suis votre nouveau voisin.
Laurent Bonomi : Moi, je m'appelle Laurent Bonomi.
Simon Le Tallec : Enchanté. Mes enfants : lui, c'est Hugo et elle, c'est Louise.
Louise Le Tallec : Coucou !
Laurent Bonomi : Nathalie, Juliette.
Simon Le Tallec : Mon fils, il a 20 ans.
Françoise Le Tallec : Bonjour, je m'appelle Françoise. Je suis mariée avec Simon.
Louise Le Tallec : Salut, moi, c'est Louise Le Tallec.
Juliette Bonomi : Tu es à la fac ?
Hugo Le Tallec : Je suis étudiant en socio. Et toi ?
Laurent Bonomi : Et... Je suis ingénieur à la SNCF.
Simon Le Tallec : Je suis architecte.
Le livreur de pizza : Moi, je suis...
Juliette Bonomi : Bon, eh bien, bon appétit !

Simon Le Tallec : Merci ! À bientôt ! Bonne soirée. Merci monsieur.

Leçon 6 | Mes amis et moi

Piste n° 24, activité 6, page 31

Je m'appelle Rachel, je suis américaine. Je viens de Philadelphie.
Bonjour, je suis Elizabetta. Je suis italienne, j'ai 34 ans. J'habite à Madrid parce que mon mari est espagnol.
Je m'appelle Adam et je viens de Pologne, j'ai 22 ans, je joue au foot et je suis en France depuis 2012.

Leçon 7 | Toi

Piste n° 26, activités 2 et 3, page 32

Dialogue 1
L'assistante : Allô, oui ?
La candidate : Bonjour madame, j'appelle pour le casting.
L'assistante : Vous vous appelez comment ?
La candidate : Caroline Bailly.
L'assistante : Avec un « y » ?
La candidate : Oui, B, A, I, 2 L, Y.
L'assistante : Votre âge ?
La candidate : J'ai 28 ans.
L'assistante : Vous avez un téléphone ?
La candidate : Oui, vous voulez mon numéro ?
L'assistante : S'il vous plaît !
La candidate : 07 45 23 18 65.
L'assistante : Vous avez un mail ?
La candidate : Oui, carob@gmail.com. c.a.r.o.b.
L'assistante : D'accord, je vous contacte à la fin de la semaine pour le rendez-vous.
La candidate : Merci, au revoir.

Dialogue 2
L'assistante : Bonjour, ne quittez pas s'il vous plaît... Bonjour, excusez-moi !
Le candidat : Bonjour, c'est pour le casting.
L'assistante : Bonjour monsieur, vous avez quel âge ?
Le candidat : Heu... 40 ans.
L'assistante : D'accord, et qu'est-ce que vous faites dans la vie ?

Le candidat : Je suis prof de sport.

L'assistante : Votre nom, s'il vous plaît ?

Le candidat : Lefèvre, Nicolas Lefèvre.

L'assistante : D'accord, un téléphone ?

Le candidat : Mon fixe ou mon portable ?

L'assistante : Votre portable.

Le candidat : Alors, 06 24 09 56 42. Je vous donne aussi le numéro de ma femme...

L'assistante : Non, non ! Pas son numéro, merci ! Ce n'est pas nécessaire. Votre adresse mail ?

Le candidat : nlefevre@gmail.com. n.l.e.f.e.v.r.e.

L'assistante : Ok, je vous appelle mardi pour le rendez-vous. À bientôt.

Le candidat : Merci. Au revoir

Piste n° 28, activité 6, page 33

Un téléphone ? **a** Vous avez un mail ? – **b** Vous êtes journaliste. – **c** Vous avez 18 ans. – **d** Vous parlez français. – **e** Vous êtes marié ?

Entraînement

Piste n° 30, activité 9, page 37

Votre nom ? **a** Vous avez quel âge ? – **b** Qu'est-ce que vous faites dans la vie ? – **c** C'est pour le casting. – **d** Vous avez un email ? – **e** Votre portable. – **f** Un téléphone ?

Piste n° 31, activité 12, page 37

l.aubrac@gmail.com : l- point a-u-b-r-a-c@gmail. com

a aeliot@gmail.com – **b** catherinemangin@gmail. com – **c** lpassegue@gmail.com – **d** s.billon@gmail. com

Préparation au DELF A1

Piste n° 32, page 39, activité 1

Bonjour, je m'appelle Hugo Laurentin. L.A.U.R.E.N.T.I.N. Je viens du Canada, je suis canadien mais j'habite en France. Je suis acteur et j'ai 32 ans. Voici mon numéro de portable : 06 33 47 35 61 et mon courriel : hugo.laurentin@gmail.com. Merci, et j'espère à bientôt !

Dossier 3 : Sorties

Leçon 9 ▎ Et pour vous ?

Vidéo 4 *Et pour vous ?* activités 1, 2 et 3, page 43

Françoise Le Tallec : Simon est en retard, je suis désolée.

Laurent Bonomi : Vous avez faim ? Qu'est-ce qu'on mange... ?

Le serveur : Bonjour.

Françoise, Simon et Nathalie : Bonjour !

Le serveur : Voici la carte.

Nathalie Bonomi : Merci.

Françoise Le Tallec : Merci.

Le serveur : Aujourd'hui, comme plat du jour, il y a le poulet basquaise et le saumon grillé. Il y a aussi le menu déjeuner avec une entrée, un plat et un dessert.

Laurent Bonomi : Qu'est-ce que tu prends ?

Nathalie Bonomi : Une seconde, je... je regarde la carte. Le poulet.

Laurent Bonomi : Et vous, Françoise ?

Françoise Le Tallec : Il est bon, le poulet basquaise ?

Laurent Bonomi : Ah oui ! Il est excellent ! 3 poulets !

Simon Le Tallec : Et un steak frites, à point, s'il vous plaît, merci. Désolé, je suis en retard. Vous allez bien ?

Laurent Bonomi : Oui.

Le serveur : Et pour vous madame ?

Lucie Bonomi : Pour moi ? Une salade italienne, sil vous plaît. J'ai un cours de gym cet après-midi.

Simon Le Tallec : Pardon, bonjour madame. Simon Le Tallec, je suis le nouveau voisin.

Lucie Bonomi : Enchantée. Je suis Lucie, la mère de Laurent.

Le serveur : Et comme boisson ? Est-ce que vous prenez du vin, une carafe d'eau ?

Simon Le Tallec : L'addition, s'il vous plaît.

Laurent Bonomi : On partage ?

Françoise Le Tallec : Non, non, nous vous invitons.

Lucie Bonomi : Merci Françoise. Bienvenue dans le quartier !

Leçon 11 | Métro Odéon

Piste n° 37, activités 1, 2 et 3, page 46

Dialogue 1
- Tu fais quoi demain soir ?
- Rien.
- Ça te dit de dîner au resto ?
- D'accord, où ?
- Chez Marcel, à la Bastille.
- Je n'aime pas la Bastille, il y a trop de monde le samedi.
- Et chez Paparazzi, à côté de l'opéra ?
- Mmmm, la cuisine italienne... Bonne idée ! À quelle heure ?
- À 20 heures. Je réserve.
- Ok, à demain alors.
- À demain.

Dialogue 2
- On va voir un film au Champo ; tu viens avec nous ?
- Quand ?
- Dimanche.
- Avec qui ?
- Avec Béatrice.
- Qu'est-ce que vous allez voir ?
- *Les hommes préfèrent les blondes*.
- Ah ! Marilyn, j'adore ! C'est à quelle heure ?
- À midi.
- Le Champo, c'est bien rue des Écoles ?
- Oui oui, métro Odéon.
- Ok, rendez-vous devant le cinéma, à midi moins le quart.
- Tu viens avec Pierre ?
- Non, il n'est pas à Paris, il est à Marseille.

Dialogue 3
- Je vais au musée du quai Branly, vous connaissez ?
- Le musée du quai Branly ? Non, je ne connais pas.
- Aujourd'hui, on est jeudi, le musée est ouvert jusqu'à 21heures. Vous venez avec moi ?
- Ah, visiter un musée le soir, super, ok !

Entraînement

Piste n° 40, activité 5, page 50
Un apéritif ; **a** Des apéritifs – **b** Un bon apéritif – **c** Un petit apéritif – **d** Deux apéritifs

Piste n° 41, activité 13, page 51
Il est trois heures ; **a** Il est cinq heures. – **b** Il est huit heures. – **c** Il est une heure. – **d** Il est quatre heures. – **e** Il est neuf heures.

___ Dossier 4 : Achats ___

Leçon 13 | Ça vous plaît ?

Vidéo 6 *Ça vous plaît*, activités 1, 2 et 3, page 54

Le vendeur : Bonjour monsieur. Je peux vous aider ? Vous cherchez une cravate ?
Hugo : Je... Je cherche une veste.
Le vendeur : Le rayon des vestes, c'est là-bas. Vous voulez une veste de quelle couleur ? Noire ? Bleue ? Rouge ?
Hugo : Euh... Je ne sais pas.
Le vendeur : Ce style, ça vous plaît ?
Hugo : En fait, cette veste est un peu...
Le vendeur : Trop grande ? Trop chaude ? Un peu chère peut-être.
La vendeuse : Une veste ? Quel genre de veste ?
Hugo : C'est pour un rendez-vous.
La vendeuse : Ah d'accord. Quelle est votre taille ?
Hugo : Je ne sais pas...
La vendeuse : Un petit 48 ? Voulez-vous l'essayer ? Celle-ci est élégante, la couleur est sympa, le tissu est léger... C'est magnifique ! À tout de suite !
Hugo : Oui, ça me plaît bien. C'est combien ?
La vendeuse : Le prix ? 139 euros.
Hugo : Ah oui, c'est un peu cher pour moi... Bon, je la prends.
La vendeuse : Vous payez comment ? Par chèque ou par carte ?
Hugo : En liquide.
La vendeuse : Merci. Attendez ! Bonne soirée.

Piste n° 42, activité 4, page 55
un peu – un peu ; **a** un peu / un pot – **b** il peut / il peut – **c** il paie / il peut – **d** deux jupes / deux jupes – **e** une robe bleue / une robe bleue – **f** des cravates / deux cravates – **g** ce manteau / ce manteau – **h** ce pantalon / ces pantalons

Piste n° 43, activité 6, page 55

Le client : Je voudrais cette veste.

La vendeuse : Quelle veste ?

Le client : Cette veste.

La vendeuse : Quelle couleur ?

Le client : Cette couleur. Je voudrais aussi un pantalon.

La vendeuse : Quel pantalon ?

Le client : Ce pantalon. Et... cette cravate.

La vendeuse : Quelle cravate ?

Le client : Et une chemise.

La vendeuse : Quelle chemise ?

Le client : Cette chemise. Et un tee-shirt noir. Ce tee-shirt.

La vendeuse : Quelle taille ?

Le client : Je peux payer par carte ?

Leçon 15 ▌ Au marché

Piste n° 46, activité 2, page 58

Dialogue 1

Le vendeur : Bonjour madame ! C'est à vous ?

La cliente : Oui ! Bonjour monsieur, je voudrais des tomates.

Le vendeur : Combien ?

La cliente : 500 grammes. Et puis... vous avez de la salade ?

Le vendeur : Oui ! Regardez, elles sont magnifiques !

La cliente : Une salade, s'il vous plaît.

Le vendeur : Et avec ça ?

La cliente : Des carottes, 1 kilo. Vous avez des courgettes ?

Le vendeur : Ah non ! Pas de courgettes aujourd'hui !

La cliente : Bon... Ah ! Je veux du potiron ; un morceau de potiron.

Le vendeur : Voilà, ça va ça ?

La cliente : Oui, c'est bien.

Le vendeur : Et avec ça ?

La cliente : C'est tout. Je vous dois combien ?

Le vendeur : Huit soixante-dix.

La cliente : Au revoir.

Le vendeur : Au revoir, bonne journée.

Dialogue 2

La vendeuse : C'est à qui ?

Le client : C'est à moi. Je voudrais 4 oignons, 3 poireaux, des haricots verts...

La vendeuse : Vous voulez combien de haricots verts ?

Le client : 500 grammes, ça va. Et aussi des pommes de terre.

La vendeuse : Combien ? 1 kilo ?

Le client : Oui. 1 kilo de pommes de terre !

La vendeuse : Voilà. C'est tout ?

Le client : Non, les fruits maintenant. Des pommes, 500 g, et des poires.

La vendeuse : 500 g aussi ?

Le client : Je ne sais pas ; 4 ou 5 poires.

La vendeuse : Vous voulez des cerises ? Elles viennent d'Argentine !

Le client : Non merci, pas de cerises ; ce n'est pas la saison ; elles sont trop chères !... Ça fait combien ?

La vendeuse : 14 euros et 20 centimes.

Le client : Voilà. Au revoir, bonne journée !

La vendeuse : Au revoir, merci ; à dimanche prochain.

Le client : Bon, maintenant, du fromage...

Piste n° 47, activité 3, page 59

deux bananes ; **a** des carottes – **b** deux carottes – **c** des courgettes – **d** deux oranges – **e** deux tomates – **f** des haricots verts – **g** deux poires – **h** des pommes de terre

Entraînement

Piste n° 49, activité 5, page 62

Lundi, Albert a une veste noire trop grande, un pantalon rouge un peu petit et des chaussures bleues.

a Mardi, Célestine a une robe orange, des chaussures rouges et une veste noire très grande.

b Mercredi, Albert a un pantalon bleu, une chemise rose, une cravate jaune trop petite et des chaussures noires.

Piste n° 50, activité 12, page 63

a Corine, c'est Coco. **b** André, c'est Dédé. **c** Benoît, c'est Bebe. **d** Dédé veut Coco. **e** Bebe veut Coco. **f** Coco aime Néné. **g** Néné, c'est René.

vidéos et des audios

Préparation au DELF A1

Piste n° 51, page 65, activité 1
Salut ! C'est Antoine. Demain matin, je te propose d'aller au Grand Palais voir une exposition de peinture. A midi, on va au restaurant : j'ai envie de manger du poisson. On peut aller au cinéma à 14 :00, et après on fait une balade dans Paris. Donne-moi ta réponse avant ce soir. Je t'embrasse.

— Dossier 5 : Rencontres —

Leçon 17 ▎ Et une comédie ?

Vidéo 7   *Et une comédie ?*, activités 1, 2, 3 et 4, page 68
Hugo : Salut.
Juliette : Bonsoir. T'écoutes quoi ?
Hugo : Daft Punk. Moi j'aime bien.
Juliette : J'aime bien. C'est pas mal... Demain, je me lève tôt.
Hugo : Euh...On va au cinéma ? Il y a le nouveau *James Bond*... Tu n'aimes pas les films d'action ?
Juliette : Si, mais je préfère les films français.
Hugo : Et une comédie ?
Juliette : Non, je préfère les vieux films.
Hugo : Ah oui. C'est pas un peu ennuyeux ? Bon, il y a *Intouchables*, ça te dit ? Euh... On se promène, on va boire un verre ?
Juliette : Au « Lieu unique » alors, tu vas voir, c'est sympa.
Hugo : Et après, on va voir *Intouchables* à la séance de 22 heures ? Tu es d'accord ?
Juliette : OK. On y va. J'ai un peu froid.
Hugo : Prends ma veste.
Juliette : Elle est sympa, cette veste.

Piste n° 54, activité 7, page 69
Je préfère les films français. Je préfère les films français.
a je me lève – b je me lève – c on se promène – d on se promène – e je bois un verre – f je bois un verre – g tu te maries ! – h tu te maries !

Leçon 18 ▎ Personnalités

Piste n° 55, activité 6, page 71
Claude est élégant → Claude est un homme ; a Claude est élégante. – b Claude est grande. – c Claude est petit. – d Claude est ronde. – e Claude est joyeux. – f Claude est sérieuse.

Leçon 19 ▎ Le livre du jour

Piste n° 56, activités 2, 4, 5 et 6, pages 72-73
Cette semaine je vais vous parler de *Un été à Cabourg*.
C'est l'histoire d'Emma et de Rodolphe. Emma est parisienne, Rodolphe habite à Cabourg. Ils se sont rencontrés en 1990. Ils ont fait leurs études à l'université de Caen. Cinq ans après, en 1995, Emma est devenue professeur de français, Rodolphe a choisi la médecine. À la fin de ses études, Emma est retournée à Paris. En 1999, elle s'est mariée, elle a eu une fille... Rodolphe a quitté la France. Il est allé d'abord en Afrique, puis en Asie. Enfin, il est rentré à Cabourg. En août 2005, Emma a loué une maison à Cabourg. Son mari et sa fille sont restés à Paris. Un jour... *Un été à Cabourg* est une histoire d'amour : on se rencontre, on s'aime, on se quitte, on se marie, on se retrouve... À lire cet été. *Un été à Cabourg*, en librairie à partir de demain et aussi en e-book.

Piste n° 59, activité 7, page 73
Je suis venue ; a Nous avons choisi. – b Vous êtes devenu acteur. – c Nous avons eu une fille. – d Elle est partie. – e Ils se sont mariés. – f Ça m'a plu. – g Il n'a pas voulu. – h On a bu un verre.

Entraînement

Piste n° 60, activité 4, page 76
J'me lève ; a On s'promène. – b Je préfère les films français. – c Je me lève. – d J'vais au cinéma. – e Tu t'lèves. – f Tu te promènes. – g J'bois un verre.

Piste n° 61, activité 8, page 77
a Louise est grande et mince. – b Louis est grand et mince. – c Martine est petite et forte. – d Martin est petit et fort. – e Clémence est blonde et élégante. – f Clément est blond et élégant.

Piste n° 62, activité 12, page 77

Ils se sont mariés en 2012 ; **a** Ils se sont rencontrés en Australie. – **b** Ils ont pris l'avion. – **c** Ils sont venus en France. – **d** Ils ont eu 3 enfants. – **e** Ils ont choisi un autre pays. – **f** Ils ont voulu travailler en Espagne. – **g** Mais ils sont partis au Japon. – **h** Ils sont restés 4 ans au Japon. – **i** Puis, ils sont revenus en Australie.

Dossier 6 : Études

Leçon 21 ∎ Le lycée, c'est fini !

Vidéo 8 *Le lycée, c'est fini !*, activités 1, 2 et 4, pages 80-81

Laurent Bonomi : C'est pas vrai ! Non ! Nathalie ?
Nathalie Bonomi : Hein ? Qu'est-ce qu'il y a ?
Laurent Bonomi : C'est le relevé de notes de Juliette. Elle a des mauvaises notes dans toutes les matières. Juliette !
Juliette Bonomi : J'peux pas ! J'suis au téléphone ! Hier, je suis allée au secrétariat et je n'ai pas la moyenne.
Laurent Bonomi : Juliette !
Juliette Bonomi : Oui, je te rappelle.
Laurent Bonomi : Tu as raté ton semestre ?
Juliette Bonomi : Non, j'ai réussi deux matières.
Laurent Bonomi : T'as pas travaillé.
Juliette Bonomi : Je ne me suis pas promenée ! Le semestre a été difficile.
Nathalie Bonomi : As-tu suivi les cours ?
Laurent Bonomi : Tu arrêtes, s'il te plaît.
Juliette Bonomi : C'est bon ! Le lycée, c'est fini. Je suis à la fac, en Licence de lettres. Je vais repasser les examens en septembre.
Laurent Bonomi : C'est à cause des professeurs ? Ils ne sont pas bons ? Juliette, pendant l'été, tu vas réviser.
Juliette Bonomi : Pendant les vacances ?
Laurent Bonomi : Oui.
Lucie Bonomi : Au fait, il est comment le fils des voisins ?

Mon cher fils, toi aussi tu as raté des examens il y a longtemps.
Nathalie Bonomi : C'est vrai, j'ai eu mon Master avant toi.
Laurent Bonomi : Euh non... Enfin, si. Mais j'ai été malade !

Piste n° 64, activité 6, page 81

Comment ? **a** septembre – **b** les voisins – **c** les vacances – **d** un examen – **e** demain matin – **f** une Licence – **g** pendant longtemps – **h** il est sympa !

Leçon 22 ∎ Les vacances

Piste n° 66, activité 5, page 83

les vacances ; **a** l'avion – **b** le train – **c** les Landes – **d** une location – **e** le matin – **f** cent – **g** la campagne – **h** la montagne

Leçon 23 ∎ ERASMUS

Piste n° 67, activité 3, page 84

La secrétaire : Université de Nantes, relations internationales, bonjour.
L'étudiante : Bonjour Madame. Je fais partie du programme d'échange Erasmus et je suis en train de remplir le formulaire d'inscription en Master 1. J'ai quelques questions...
La secrétaire : Je vous écoute.
L'étudiante : Je ne comprends pas « diplôme de fin d'études secondaires ».
La secrétaire : C'est votre diplôme de fin de lycée. Comme le bac en France. Il faut écrire la date. Vous la notez dans le cadre « situation universitaire ».
L'étudiante : Ah d'accord ! Et le formulaire, je l'envoie par mail ?
La secrétaire : Oui vous l'envoyez par mail et par la Poste.
L'étudiante : Les deux ?
La secrétaire : Oui, vous devez les envoyez avant le 1er avril !
L'étudiante : D'accord. Et... est-ce que j'ai besoin d'un visa ?

La secrétaire : Quelle est votre nationalité ?
L'étudiante : Je suis grecque.
La secrétaire : Pas de visa pour les Européens.
L'étudiante : Et est-ce que...
La secrétaire : Mademoiselle, je suis désolée mais je suis très occupée. Vous devez lire les instructions sur notre site www.univ-nantes.fr.
L'étudiante : Ah ! Oui ! Mais je ne les comprends pas toutes et...
La secrétaire : Il faut poser vos questions par mail et je réponds. D'accord ? Au revoir mademoiselle.
L'étudiante : Au revoir...

Piste n° 69, activité 7, page 85

un étranger → j'entends [ã]; **a** avant – **b** une inscription – **c** je l'envoie – **d** des questions – **e** nous devons le poster – **f** bonjour – **g** remplir – **h** on s'inscrit

Entraînement

Piste n° 70, activité 9, page 89

Je visite → au présent ; **a** je visitais – **b** tu te baignes – **c** tu te promenais – **d** il regardait – **e** elles attendent – **f** elles attendaient – **g** je déjeune au restaurant – **h** je déjeunais au restaurant

Piste n° 71, activité 14, page 89

[Ẽ] : un, cinq, quinze, vingt, vingt et un
[ã] : trente, quarante, soixante, cent, cent trente
[ɔ̃] : onze, deux millions, onze millions
[Ẽ] et [ã] : cinquante, cinq cent, cinquante-cinq, cinq cent un, cinq cent cinquante-cinq
[ã] et [ɔ̃] : soixante et onze, cent onze, trente millions, cent quarante millions
[Ẽ]/[ã] et [ɔ̃] : cinq cent onze, cinquante millions, onze cent quinze, un million cinq cent onze mille cinq cent soixante et onze

DELF A1

Piste n° 72, page 91, activité 1

Dialogue 1
- Bonjour, je cherche le bureau des inscriptions.
- C'est ici. Vous avez rempli votre formulaire d'inscription ?
- Oui, le voici.

Dialogue 2
- Salut ! Alors, tu as passé de belles vacances ?
- Oui, c'était génial ! Mais le voyage en avion était très long...

Dialogue 3
- Tu n'as pas aimé le film ?
- Non, c'était ennuyeux, je préfère les films d'action.

Dialogue 4
- C'est pas vrai ! Juliette, ton relevé de notes est mauvais ! Tu vas rater ton semestre !
- Le semestre a été difficile tu sais...

Dialogue 5
- Alors, tu passes de bonnes vacances ?
- Oh oui ! J'adore aller à la mer et me baigner, tu le sais bien !

La carte de France

Achevé d'imprimer en Italie par L.E.G.O. S.p.A.
Dépôt légal : novembre 2017 - Collection n° 12 - Édition 06
15/6048/1